L'activité contributive

Collection *Monde en cours*
créée par Jean Viard

Ouvrage édité par Manon Viard

www.editionsdelaube.com

ISBN 978-2-8159-6069-4

Carole Lipsyc

L'activité contributive

Ce que nous sacrifions à la richesse

éditions de l'aube

Pour faciliter et compléter votre lecture, rendez-vous sur le site du livre, activite-contributive.org.

Utilisez le glossaire au fil de votre lecture pour clarifier des notions ou pour retrouver l'explication des concepts-clés proposés dans l'ouvrage.

Accédez aux études et aux documents cités, ou à leur lien direct.

Regardez des vidéos sur le sujet de l'activité contributive.

Restez au courant des événements en lien avec le livre, l'auteure ou l'activité contributive.

Autour du livre

Cette étude sur l'activité contributive est issue d'une grande opération de recherche citoyenne, l'enquête {contributive}, qui s'est tenue en 2021.

L'enquête {contributive} a réuni plus de trois cents contributeurs et une soixantaine de personnalités dans une quinzaine d'ateliers publics, des auditions, des groupes de travail et un forum en ligne. Elle avait pour partenaires le pôle de compétitivité Finance Innovation, le laboratoire Paragraphe (Paris 8) et de grandes associations comme France Alzheimer.

L'enquête a inspiré la Première Déclaration des droits des contributeurs, proclamée en 2021, au Nouveau Théâtre public de Montreuil.

Évocations

Comme un mot au bout de la langue, un mot qu'on cherche, qu'on a perdu, qui nous vient, qui repart.

« Il arrive ! le voilà ! enfin ! »

Mais non. Il se faufile, il se défile, il disparaît.

« Ah ! je le tiens. »

Fausse alerte, faux espoir, il se dissipe encore.

« Il existe bien, pourtant, ce mot ! Je le connais. Mais, qu'est-ce que j'en ai fait ? »

Mais rien, vous n'en avez rien fait.

Il aurait dû exister, mais il n'existait pas encore.

On tournait autour depuis plus d'un siècle, il avait des applications, des revendications, il prenait une forme, une autre. Parfois, au hasard d'un texte, il pouvait même se composer par opportunité, mais il n'existait pas.

Le concept n'avait pas été formulé. Revendiqué.

Eh bien le voici :

« activité contributive ».

L'activité contributive, c'est la partie de l'activité humaine dont la société ne peut pas se passer et qui se déroule en dehors du cadre de l'emploi et du cycle marchand.

Elle est l'œuvre et l'initiative du « contributeur ».

Le contributeur, c'est:

Doris, qui fabriquait gratuitement des masques quand on n'en avait pas;

Brice, qui développe du logiciel libre sur son temps personnel;

Michel, aidant, qui prend soin de sa femme atteinte d'un Alzheimer précoce ou Aurélie, qui a arrêté de travailler pour s'occuper de sa fille qui présente une trisomie rare;

Géraud, bénévole dans un club sportif;

Pauline, auteure, ou Jérôme, compositeur, reconnus et pourtant précaires;

Augustin, agriculteur, sans modèle économique viable;

Adeline, qui édite à son compte une revue scientifique en ligne;

Véra, handicapée, qui partage les repas qu'elle cuisine avec les SDF de son quartier;

André, président du Conseil économique de sa région;

Simon, qui s'engage pour défendre les communs;

Alain, syndic bénévole de son immeuble;

Séverine et Jim, qui ont ouvert un restaurant inclusif où ils organisaient des repas solidaires, où ils accueillaient des événements et des associations, sans jamais arriver à se verser un salaire ;

Christine, maire de son petit village de Normandie ;

Gaël, sportif de haut niveau, qui a participé aux JO de Rio et gagnait moins de 500 euros par mois ;

Ninette, mère au foyer ou Annie, grand-mère dévouée.

C'est vous, c'est moi, dans toutes ces tâches et contraintes du quotidien, mais aussi dans nos engagements de proximité, dans nos projets culturels, sociaux ou écologiques.

D'après l'étude que j'ai menée en 2022 pour l'initiative {contributive}, l'activité contributive nous occupe chacun, en France, en moyenne, autant que trois journées de travail par semaine (23,4 heures).

Et malgré ces trois jours hebdomadaires d'efforts, l'activité contributive et le contributeur sont exclus de la reconnaissance, de la protection sociale et juridique, de la « valeur », dans tous les sens du terme.

> Pas de repos obligatoire pour les aidants : pas même de droit au repos ! C'est généralement du 7/24 : sept jours sur sept et vingt-quatre heures sur vingt-quatre.
>
> Pas de retraite pour les bénévoles, les parents au foyer, les artistes qui n'entrent pas dans l'intermittence, les auteurs qui ne vendent pas assez de livres, les conjoints d'indépendants.
>
> Pas d'accident du travail pour les familles des agriculteurs, les parents ou les grands-parents en train de faire tourner les maisons et de s'occuper des enfants, parfois même les volontaires partis en mission humanitaire.
>
> Pas de validation d'acquis pour tous ces savoir-faire que nous déployons au quotidien, tout aussi experts que ceux mis en œuvre dans notre temps officiel de travail.
>
> Et bien sûr : pas de rémunération.

Et pourtant, l'activité contributive est productive et vitale. La preuve ? Si nous ne la faisions pas gratuitement, il faudrait payer des gens pour la faire.

Je m'arrête pour répéter cette affirmation sur laquelle nous reviendrons, parce qu'elle est cruciale, parce qu'il faut l'entendre. Je montrerai plus tard d'ailleurs comment cette affirmation redéfinit la notion de valeur : « si nous ne faisions pas gratuitement notre activité contributive, il faudrait payer des gens (ou un service automatisé) pour la faire ».

Et, dans ce cas, si nous devions la payer, elle nous coûterait, en France, 1 557 milliards d'euros, soit autant que 68 % du PIB. Le PIB est l'indicateur qui est censé montrer la richesse produite dans un pays.

L'activité contributive, c'est donc le quatrième pilier de notre économie de marché actuelle, à côté du travail, du capital et de l'État. Un pilier invisible et effacé. Elle existe, elle est là, mais nous faisons comme si elle ne « comptait » pas.

Personne – ni les politiques, ni les syndicalistes, ni les économistes – ne défend la « valeur-contribution », le mérite des contributeurs, ni leurs droits.

Personne ne souligne l'apport que l'activité contributive constitue pour l'économie marchande, au même titre que le capital, au même titre que les ressources naturelles, au même titre que la stabilité sociale et politique.

Personne n'imagine que la soutenir ou soutenir les contributeurs soit un investissement. C'est forcément une dépense sociale, de l'assistanat honteux, dispendieux et délétère.

Personne ne reconnaît le rôle que l'activité contributive dans son ensemble joue pour faire société, faire lien, faire humanité, faire démocratie.

Elle est l'angle mort de notre imaginaire politique, social et économique. L'oubliée, l'invisible, l'effacée. La refoulée.

Introduction

De toutes parts, les prises de conscience et les revendications des contributeurs commencent à se manifester. Les maires réclament un salaire et des droits à la retraite. Les pompiers volontaires souhaitent des bonifications de trimestres de retraite. La réflexion politique avance vers l'amélioration de la protection des aidants ou des conjoints travaillant gratuitement dans les affaires familiales. On ne compte plus les plaidoyers du monde associatif, parfois relayés par des propositions de loi infructueuses, pour créer un statut de bénévole bénéficiant d'avantages sociaux. Les grands-parents qui ont encore une activité professionnelle veulent des « congés grand-parentaux » pour s'occuper de leurs petits-enfants. Une pétition a circulé pour obtenir une rétribution des citoyens qui s'engagent dans les instances participatives et dans les consultations. Des collectifs demandent l'extension de l'intermittence à tous les métiers artistiques et à la recherche. Les auteurs se mobilisent pour une juste rémunération de leur temps de travail. Des projets explorent des modèles économiques qui permettraient de compenser l'usager du numérique pour son travail gratuit, par exemple pour le contenu qu'il produit. Un revenu de transition écologique a été imaginé pour inciter la coopération entre l'homme et la nature. Bien sûr, depuis longtemps, l'idée d'un salaire domestique circule. Arrêtons ici cette liste, mais nous croiserons d'autres cas encore au fil du livre.

Il est frappant de remarquer que chacun pense sa situation comme une singularité à faire reconnaître et à défendre sans se rendre compte de la similarité avec les autres. Ainsi, les auteurs ne s'inquiètent pas des citoyens engagés. Les citoyens engagés ne pensent pas aux chercheurs. Les chercheurs ne voient pas en quoi la question des aidants les concerne. Les aidants ne soutiennent pas les pompiers. Les bénévoles ne demandent jamais rien pour les conjoints qui travaillent gratuitement, etc. Il s'agit bien sûr d'une forme de corporatisme. Mais pas seulement. Plus fondamentalement, il s'agit d'un défaut d'élaboration.

Nous nous en tenons aux faits (le niveau concret et ses manifestations diverses) au lieu de voir, de penser et de confronter le fondement commun (le niveau conceptuel qui caractérise le concret). Quel est ce fondement conceptuel négligé ?

Il existe une partie de l'activité humaine qui n'entre pas *directement* dans le cycle lucratif, mais qui le rend possible. Cette activité dite « non lucrative » n'est pas reconnue dans son apport économique vital. Cette absence de reconnaissance mène à des situations individuelles de détresse quand les gens s'y consacrent « à temps plein ». Elle fausse bien évidemment les données que nous utilisons pour décider, pour nous mobiliser, pour agir ou pour gouverner. Elle est une entrave à l'amélioration de notre organisation collective.

Jusqu'à présent, il a été possible de fermer les yeux, mais les transitions économiques, sociales et écologiques qui débutent, avec leurs lots de crises, vont requérir de plus en plus de cette activité non lucrative.

Il est temps de la nommer : « activité contributive ».

Il est temps de la décrire, de voir ce qu'elle est et ce qu'elle n'est pas, de la distinguer du loisir, de l'amateurat ou de l'économie sociale et solidaire. De la désempêtrer de tous les amalgames dont elle fait l'objet. Ce sera le sujet de la première partie de ce livre : « Découvrir l'activité contributive ».

Il est temps également de comprendre son rôle qui n'est pas nouveau : elle est et a toujours été une des conditions de la société de marché. Sans elle, aucun profit ne peut et n'a jamais pu exister. Finalement, sa situation est similaire à celle de la nature et des services écosystémiques. Pour s'en rendre compte, pour le prouver, il faut la mesurer. Cette démarche est menée dans la seconde partie : « Cartographie de l'activité contributive par les chiffres ».

Enfin, il est nécessaire de se demander comment la soutenir, comment la financer, comment faire pour apporter aux contributeurs, qui sont de plus en plus nombreux, une véritable reconnaissance et protection sociale. La troisième partie, « Et maintenant, que faire ? », attaque cette question très pragmatique, étudie les solutions plébiscitées actuellement comme le revenu universel ou l'expérimentation Territoires zéro chômeur de longue durée (TZCLD) et présente une alternative, en lien avec notre économie numérique, le pacte contributif.

Cette mise à jour de l'activité contributive comme une condition de l'économie de marché bouscule la définition de la valeur, mais aussi la vision du *cycle lucratif* opposé de manière binaire à un *cycle du don et de la réciprocité*. La volonté de poser le contributeur comme un agent économique productif incontournable, et à ce titre de le faire accéder aux mêmes droits qu'au travailleur, remet en cause la place centrale du travail dans les imaginaires politiques, des marxistes aux libéraux. En ressort un dépassement des catégories traditionnelles que nous avons fossilisées et qui obèrent notre capacité à regarder en face nos constructions collectives. Or comment envisager les transformations nécessaires en cette période d'ébranlement écologique, économique et anthropologique si nous restons pétrifiés dans les idéologies du passé ? Tel est le défi que je souhaite relever en conclusion avec mon interrogation de la catégorie « marchandisation ».

En sciences, de nouveaux cadres théoriques sont développés pour expliquer des faits que l'on n'avait pas encore observés ou des anomalies. Il faut voir l'activité contributive de cette manière-là. Elle constitue un angle mort des théories économiques de la valeur. La mettre au jour pour la poser comme *une condition* de l'économie de marché – *et non comme une alternative* – permet d'avancer vers une rupture et un renouvellement des cadres de référence économiques, politiques et sociaux dominants et actuels. Ce livre ouvre la voie.

I

Découvrir l'activité contributive

L'activité contributive désigne l'activité humaine qui prend place, en dehors du cadre marchand et de l'emploi, sans rétribution lucrative.
Elle concerne le bien commun, le soin de l'autre ou de l'environnement, l'éducation, l'art, le savoir, la culture, la citoyenneté, le sport ou l'entraide.

Extrait du Préambule de la Première Déclaration des droits du contributeur (initiative {contributive}, 2021)

Cet extrait du Préambule de la Première Déclaration des droits du contributeur propose une définition succincte et minimale de l'activité contributive qui demande à être explicitée, contextualisée et complétée.

Comprendre l'activité contributive se fait progressivement, comme tout dévoilement d'un refoulé, comme tout phénomène de prise de conscience ou toute acquisition de concept. C'est pourquoi cet ouvrage a débuté avec des évocations et des exemples qui donnaient à la découvrir par impressions, autrement que par un exposé direct.

Dans cette première partie, l'approche sera plus formelle. Nous commencerons par poser quelques fondamentaux concernant l'activité contributive, puis nous lèverons des malentendus qui peuvent obstruer sa compréhension. Ils sont nombreux car l'esprit apprend par analogie, c'est-à-dire qu'il tend à rapporter ce qu'il découvre à ce qu'il connaît déjà. De l'analogie à la confusion, le glissement est vite opéré, surtout quand de nouvelles catégories bousculent les habitudes et les cadres de référence.

Ainsi, nous verrons comment l'activité contributive ne peut pas être assimilée à l'activité du temps dit « libre » ni à celle du temps dit « privé ». Puis nous expliquerons pourquoi elle n'est pas un « loisir » et pourquoi le contributeur n'est pas un « amateur ». Enfin, nous la positionnerons par rapport aux formes économiques avec lesquelles trop vite l'esprit cherche à l'assimiler : le tiers secteur, l'économie sociale et solidaire (ESS) et l'économie contributive.

1
Quelques fondamentaux

L'eau du poisson

L'activité contributive occupe une grande partie de nos vies. Une partie sans nom et sans conscientisation. L'eau du poisson. La prose de M. Jourdain. Elle n'est pas totalement un impensé de nos sociétés, mais elle est pensée de manière éparpillée et fragmentaire, sans appellation propre, sans compréhension de sa réalité globale, de ses enjeux et de ses potentiels. Et parfois, elle est assimilée de manière erronée à des catégories comme le *temps libre*, le *loisir* ou la *vie privée*.

Pourtant, sans l'activité contributive, la société ne pourrait pas fonctionner. Nous ne serions pas en mesure d'aller travailler ni d'envoyer nos enfants à l'école. Nos habitats seraient insalubres et nos besoins vitaux ne seraient pas couverts. Nous n'aurions aucun vecteur de vie commune, de lien, de cohésion. Ce serait un chacun pour soi des plus cruels. Le beau disparaîtrait de nos vies. Nous ne pourrions pas faire tourner la démocratie. Il n'y aurait pas de sport. Il n'y aurait pas d'économie numérique. Il n'y aurait pas d'industrie culturelle. Il n'y aurait pas d'autonomie alimentaire. Il n'y aurait ni régénération, ni réparation, ni résilience.

L'activité contributive permet à la production de s'effectuer, aux connaissances de circuler, aux femmes et aux hommes d'exprimer leur élan vital, de trouver et de souscrire à un sens qui les anime, d'endurer les difficultés de l'existence, de vivre leur corps, leur esprit, leur affect. Elle rend notre terre habitable, regardable, respirable.

L'activité contributive désigne les actions qui sont effectuées parce qu'elles sont nécessaires au niveau social, sanitaire, culturel, environnemental ou humain, même quand elles n'ont pas de « modèle économique ». Collectivement et individuellement, nous vivons mieux grâce à elles ou plutôt, pour être encore plus exact : nous *vivons* grâce à elles.

L'activité contributive regroupe une grande partie des activités généralement associées à la posture de l'*engagement* ou dans le devoir de *responsabilité*, la différence entre l'engagement et la responsabilité étant que l'engagement est choisi alors que la responsabilité est requise, même quand elle est vécue comme une joie et un acte d'amour. S'occuper de ses enfants et des siens procure à beaucoup une plénitude tout aussi satisfaisante, voire plus, que celle issue d'un engagement. D'ailleurs, nombreux sont ceux qui développent un discours sur « le choix » d'avoir des enfants et de s'en occuper ou sur l'« absence de choix » devant un engagement qui est vécu comme une obligation morale.

Mais soyons clairs : on peut arrêter d'être bénévole, ou adjoint au maire, ou artiste. On ne peut pas arrêter d'être le parent d'un enfant en bas âge ou l'enfant d'un parent dépendant. Les lois sont là pour nous le rappeler. L'activité contributive se partage donc bien en une partie *requise* et en une partie *choisie*, quel que soit l'état d'esprit dans lequel on effectue ses engagements ou ses responsabilités.

Si ces activités socialement nécessaires ne produisent généralement pas directement de la valeur monétaire, elles rendent possibles, à un bout de la chaîne, quelque part, la création de valeur. Elles « contribuent » au système général de production de ressources puisque sans elles, rien d'autre n'existerait.

Ce sont elles, d'ailleurs, qui compensent, autant qu'elles le peuvent, la destruction environnementale, sociale ou psychologique générée par les rouages officiels et marchands de la production[1]. Quand il faut nettoyer les plages et les océans, préserver la forêt première, prêter assistance à ceux qui ont perdu leur moyen de subsistance à cause de la mécanisation, de la dématérialisation, de la délocalisation ou du climat, soutenir une personne broyée par ses conditions de travail, c'est l'activité contributive qui prend le relais et tente de faire ce qu'elle peut, comme elle le peut, avec l'absence de moyens qui la caractérise. Ne dépend-elle pas exclusivement de nos bonnes volontés, de nos ressources personnelles, de la charitable philanthropie, de la décriée dépense sociale et du méprisé « assistanat » ?

L'activité contributive correspond ainsi à cette partie de l'infrastructure et de l'organisation sociale qui est vitale et qui n'est fournie ni par le marché ni par l'état, en d'autres termes la part qui incombe aux particuliers.

Le quatrième pilier de l'économie de marché

L'activité contributive est le quatrième pilier de notre économie de marché à côté du travail, du capital et de l'état. Elle n'est pas une « économie contributive » alternative à l'économie de marché. Elle n'est pas un système à venir. Elle n'est pas une utopie ni un projet : elle existe ici et maintenant. Elle est la part refoulée, invisible et invisibilisée de notre économie de marché capitaliste présente. L'économie

1. Si nous utilisons le langage de Bernard Stiegler, nous pouvons affirmer que l'activité contributive est le premier vecteur de néguentropie. C'est par l'activité contributive que nous tentons de compenser les effets délétères de l'Anthropocène.

de marché capitaliste ne peut pas exister sans elle. Comme nous le verrons dans les chiffres, en France, au bas mot, on peut estimer qu'elle représente l'équivalent de 68 % du PIB. Il ne serait pas possible de dépenser 68 % du PIB pour rétribuer les contributeurs pour l'ensemble de leur apport. La solvabilité générale du système s'effondrerait. Et bien évidemment, aucun profit ne serait généré.

Ainsi, l'effort et l'apport du contributeur, au même titre que celui du travailleur, ou du capital, ou de l'État, rendent la plus-value et l'économie de marché capitaliste possibles. Mais au contraire des autres parties prenantes de l'économie de marché, le contributeur n'est pas reconnu, n'a pas de droits et n'a pas de contrepartie. Il est effacé derrière les trois statuts nommés, connus, étudiés et protégés du citoyen, du travailleur ou du consommateur. Le contributeur n'est pas leur agrégation. Il n'est pas non plus leur dénominateur commun. Mais dans l'expérience de chacun de ces rôles, il y a des moments dédiés à l'activité contributive[1], lesquels déterminent certaines de ses formes.

J'ai évoqué ces formes en préambule, lorsque j'ai cité des contributeurs rencontrés durant l'enquête {contributive} : Doris qui fabriquait des masques pendant le covid, Aurélie proche aidante qui s'occupe de sa fille trisomique, Brice qui développe du logiciel libre, etc. Parmi ces formes, retenons :

- le bénévolat formel au sens large : les bénévoles associatifs, les volontaires, les élus municipaux, le service civique ;

1. Le travailleur aussi effectue de l'activité contributive dans son temps de travail ou dans le cadre de son travail. Toutefois, cette activité contributive est couverte par la protection et par la rémunération de son contrat de travail. Elle entre dans le « bilan contributif » de l'organisation qui l'emploie. Elle n'entre pas dans le temps d'activité contributive personnelle de l'individu.

• le bénévolat informel : la solidarité de proximité, les engagements environnementaux indépendants, les initiatives individuelles ou collectives non encadrées ;

• l'activité éducative, de *care*, domestique ou professionnelle opérée dans la sphère familiale ;

• la gestion, la création et la diffusion de communs au sens large : logiciels, contenus, ressources naturelles, habitat, territoire, etc. ;

• la participation citoyenne ;

• le travail gratuit du consommateur, notamment l'activité productrice de l'usager numérique ou *digital labor* (installations, dépannages, production de contenu et évaluations) ;

• l'activité professionnelle non solvable dans les domaines du patrimoine immatériel (culture, art, science), de l'environnement et de la transition, du sport, du social, du sanitaire, de l'humanitaire et de l'agriculture.

Ces formes, variées, sont d'ordinaire traitées séparément, en silo, comme si elles n'avaient aucune relation les unes avec les autres. Cet éclatement contribue à l'invisibilité de l'activité contributive et empêche ses acteurs de se retrouver dans l'évidence d'une figure sociale incontournable, celle du contributeur.

L'activité contributive est donc une catégorie englobante de diverses situations sociales déjà connues qui sont vécues au niveau personnel de manière séparée, qui sont vues au niveau social selon des échelles de valorisation symbolique différente et qui sont traitées au niveau politique par des discours, des dispositifs et des mesures absolument étanches.

Si nous faisons appel à un vocabulaire philosophique, nous pouvons dire que l'activité contributive subsume des situations sociales diverses et que la figure du contributeur subsume différents rôles et acteurs. Subsumer, c'est apporter une unité conceptuelle à une diversité de données.

Mettre au jour l'activité contributive et utiliser le concept est bien évidemment un enjeu intellectuel et épistémique : il est toujours nécessaire de ne pas s'arrêter aux accidents des apparences et de dévoiler la nature profonde d'un sujet étudié. C'est la condition pour le comprendre et pour penser. Et penser, c'est la condition pour agir de manière adéquate, efficace et pertinente.

C'est pourquoi nous avons besoin du concept d'activité contributive pour penser notre économie capitaliste actuelle et ses défis. Comment peut-on mener une réflexion macroéconomique sans prendre en compte l'apport et le rôle de l'activité contributive ? Ou plutôt : comment peut-on mener une réflexion sociale, politique ou économique, prendre des décisions de gouvernance, en occultant l'équivalent de 68 % du PIB ? Les données d'entrée sont faussées. La vision des mécanismes généraux est erronée.

Cette question rejoint bien évidemment celle des « services écosystémiques ».

L'activité contributive : un service écosystémique humain

Les services écosystémiques désignent l'ensemble des avantages que l'homme retire de la nature.

Les Nations unies en ont défini quatre sortes : les matières premières que nous utilisons gratuitement (service écosystémique d'approvisionnement) ; les processus biologiques vitaux, comme le cycle de l'eau ou des nutriments (service écosystémique de soutien) ; les processus écologiques qui maintiennent le bon fonctionnement général, comme la pollinisation (service écosystémique de régulation) ; et les avantages immatériels, comme le paysage ou le savoir (service écosystémique culturel). L'activité contributive pourrait constituer un cinquième type de service écosystémique.

Ainsi, de la même manière qu'on puise gratuitement dans la nature pour produire, on puise gratuitement dans l'activité contributive humaine. La comparaison n'est pas anodine, elle est sans doute l'une des explications de l'expectation de gratuité de l'activité contributive. Elle est gratuite comme la nature est gratuite. On l'exploite comme on exploite la nature. Et, comme la nature, son usage gratuit est la condition de la lucrativité économique.

La comparaison peut aller plus loin. De la même manière que notre activité économique dédiée exclusivement à la lucrativité détruit notre écosystème naturel et ses équilibres, elle met en péril notre écosystème social et ses équilibres. C'est pourquoi reconnaître l'unité de l'activité contributive et la figure du contributeur, au-delà des situations diverses, ne revêt pas seulement une importance en termes de connaissance. Il ne s'agit absolument pas d'une déambulation philosophique sans conséquence sur le réel, mais d'une question politique et sociale très pragmatique.

L'enjeu est d'imaginer des solutions efficaces, pertinentes et globales aux *problèmes sociaux similaires* que rencontrent l'ensemble des contributeurs. Il s'agit aussi de faire converger les efforts déployés par chaque type de contributeur, dans son domaine, pour obtenir reconnaissance et soutien.

Pour un rassemblement des contributeurs et la convergence des mobilisations

Pour l'instant, les contributeurs ne se définissent pas en tant que « contributeur ». Ils se perçoivent eux-mêmes en fonction de la forme que prend leur situation particulière et en fonction du domaine où ils interviennent.

Ils se pensent bénévole associatif, aidant familial, citoyen impliqué dans une démarche participative, créateur de contenu numérique, gestionnaire de communs, membre d'une coopérative, conjoint soutenant d'un travailleur indépendant ou d'un artisan, parent isolé, agriculteur précaire, intermittent de la science ou de la culture, auteur non rétribué à la mesure de son temps de création.

Ils ne se pensent pas « contributeur »: ils s'en tiennent à leur propre cas.

Comme nous l'avons évoqué dans l'introduction, ils ne voient pas que leur situation est semblable à celle des autres contributeurs qui – comme eux – pâtissent de l'absence de reconnaissance, de protection sociale et de rétribution. C'est comme si, au lieu de se percevoir d'abord comme un « travailleur » et de chercher à établir quelques règles de base concernant le travail, chacun s'en tenait uniquement à son propre métier. Historiquement, ce fut d'ailleurs le cas. Les corporations ont précédé la conscience de classe des salariés. Mais aujourd'hui l'existence et la défense d'un droit du travail général sont le socle sur lequel s'appuie chaque branche professionnelle pour ses propres négociations, selon ses particularités. Il devrait en être de même pour les contributeurs.

On en est loin. Actuellement, pour chaque forme que prend l'activité contributive, il existe des revendications, des projets de statuts, parfois des dispositifs d'aides ou des validations d'acquis. Dans le cas des mères de famille ou des proches aidants, il est même possible parfois d'obtenir des trimestres de retraite.

Mais est-il efficace et pertinent de s'en tenir aux formes de l'activité contributive pour traiter les problématiques de reconnaissance, de protection sociale et de rétribution qu'elle soulève? Dissocier les questions et les réponses, multiplier les statuts, engendre un nouveau mille-feuille administratif autour de la personne car nous sommes souvent contributeurs de différentes façons.

Par exemple, on peut être à la fois :

- proche aidant et chercheur indépendant ;
- créateur de code *open source*, bénévole dans une association et parent au foyer ;
- artiste sans intermittence et conjoint d'un artisan que l'on aide gratuitement, etc.

Les combinaisons sont infinies. Au lieu de créer mille statuts, forcément concurrents, forcément cumulables, ne devrait-on pas avoir plutôt un seul statut de « contributeur » qui ouvre des droits sous certaines conditions, et notamment selon les situations ?

Certains contributeurs sont en effet des travailleurs épanouis qui n'ont besoin de rien en soutien à la vie contributive qu'ils mènent à côté de leur travail. D'autres sont des retraités dont la pension suffit à vivre correctement, voire dans l'aisance.

En revanche, il existe des contributeurs, de plus en plus nombreux, qui sont réduits à vivre avec les minima sociaux. Et quand ils ne dépendent pas des minima sociaux, c'est grâce au soutien de leur conjoint ou de leurs parents. Dans ce cas, ils se dédient à leur activité contributive, avec assiduité généralement, sans obtenir aucun droit pour leur retraite future. Si aujourd'hui ils ne sont pas dans une situation dramatique, ils le seront demain, car les parents meurent sans toujours laisser un patrimoine en héritage, les couples se séparent et les solidarités familiales ne sont plus garanties.

Nous ne pouvons pas continuer à nous rapporter aux formes et aux modèles sociaux de la famille et du travail des XIXe et XXe siècles pour reléguer l'activité contributive à la sphère d'un « privé » qui est défini par le fait d'être séparé du monde, d'être « discret ».

La sphère privée est productive et économique

Le qualificatif « discret » est particulièrement pertinent, car ses diverses acceptions caractérisent la manière dont on perçoit l'activité contributive et le contributeur, au nom du privé. Le « discret » n'attire pas l'attention et il est secret : il ne fait et ne doit pas se faire remarquer. Mais le « discret », c'est aussi ce qui est séparé et distinct. Ainsi, parce que l'activité contributive est réalisée par les individus dans le cadre de leurs engagements et de leurs responsabilités, elle est cantonnée à la discrétion étanche du *privé* et elle ne peut plus bénéficier d'un intérêt *public*.

Mais à tant de niveaux, le privé n'est plus désormais cette sphère étanche et séparée, sous la seule responsabilité et loi du chef de famille ! Désormais, « le privé est politique ». On le sait depuis que les féministes américaines en ont fait un thème et un slogan dans les années 1970 (Hanisch, 1969).

> En tant que femmes, c'est dans l'enceinte du foyer que se joue l'émancipation, face aux pères, aux conjoints et aux fils qui prennent tous les droits qu'ils estiment être les leurs mais aussi face aux mères qui transmettent ce à quoi elles se sont conformées et aux filles qui ne sont pas encore aptes à résister aux injonctions médiatiques et amicales.
> En tant qu'hommes, c'est dans sa vie privée et personnelle, dans le choix de qui on aime et de qui on recrute, dans la manière dont on se comporte à chaque moment avec sa mère, sa sœur, sa compagne, ses amies, ses collègues, les passantes, qu'on reproduit la discrimination et l'exploitation ou bien qu'on l'arrête.

Désormais, le privé est juridique. Sa violence est d'ailleurs devenue l'objet de la scrutation et de l'intervention de la loi : le viol est reconnu au sein du couple, l'inceste n'est plus toléré, la brutalité non plus.

Désormais, le privé est médiatique. Il se raconte et se montre. Cette publicisation questionne, car elle brouille la frontière entre la présence (je suis), la représentation (je me mets en scène) et la présentation (je suis sous surveillance)[1]. Elle n'en est pas moins une réalité sociale impossible à écarter d'un revers de la main parce que nous la désapprouvons.

Il est temps qu'on reconnaisse maintenant également la dimension productive et économique du privé : il produit de la valeur, et pas seulement de la valeur symbolique, sociale ou humaine. Au travers de l'activité contributive, il participe à la production de la valeur monétaire puisqu'il est *la* condition de la production de valeur monétaire par le cycle lucratif marchand. Ce qu'il se passe dans l'activité contributive ne se déroule pas au bénéfice privé et exclusif de l'individu ou de la famille. C'est un apport économique et social au collectif. La question des *data* recueillies et exploitées[2] au seul profit des intérêts privés est peut-être actuellement l'unique domaine où le débat a lieu au sujet de la richesse créée par le privé au bénéfice du cycle lucratif. Il convient de l'étendre à l'activité contributive, exercée dans le privé, sans motivation lucrative.

Une motivation non lucrative

Ce paradoxe entre la *motivation non lucrative* de l'activité contributive et *son effet ou son usage lucratifs par le marché* contribue à rendre compliqué le rôle qu'elle joue dans la

---

1. Au sujet du triptyque présence/présentation/représentation, voir Lipsyc (2018 : tesselle 33).
2. La production de *data* ne relève pas de l'activité contributive, car personne ne peut produire nos *data* à notre place. Comme nous le verrons, l'activité contributive est toujours une activité que l'on peut déléguer.

création de valeur. Le discours et les croyances politiques ne savent pas gérer les subtilités de ce genre, encore moins quand elles vont à l'encontre des évidences premières instituées. L'activité contributive n'a pas de motivation lucrative, car son objectif n'est pas la production de valeur monétaire, le profit financier, ni l'enrichissement. L'activité contributive n'est pas lucrative car elle n'a aucune solvabilité : elle est hors solvabilité. Elle est effectuée parce qu'elle doit l'être, parce qu'elle est la condition de la vie : la sienne, celle des autres, celle de nous tous ensemble, attentifs les uns aux autres, soucieux de notre cohésion, de notre liberté, de notre culture, celle de la planète et du vivant.

Elle est nécessaire et pourtant elle n'entre pas dans le cadre compétitif du marché : soit ses bénéficiaires n'ont pas les moyens de l'acheter, soit le projet porté coûte plus qu'il ne peut rapporter.

> Les enfants qui bénéficient de cours particuliers gratuitement au travers d'une association ou de l'aide d'un voisin ne vivent pas dans un foyer où il serait possible de les acheter. Les étudiants, les retraités, les parents isolés et les travailleurs pauvres qui ont recours à une banque alimentaire n'ont pas les moyens de se payer une nourriture suffisante ou décente.
> Le sport n'existerait pas sans les bénévoles officiels et officieux.
> L'art serait réduit aux blockbusters[1] ou à la doxa de toutes les disciplines, quelle peine.

1. Dans l'émission *Les Matins de France Culture* du 27 janvier 2023, « Les Matins – Page 9 », Roselyne Bachelot, alors ministre de la Culture, relate que le ministère de l'Économie (Bercy) souhaitait récupérer la compétence de la culture, ce qui ramènerait tous les choix de financement à la performance économique. Les machines à profit, lucratives, seraient soutenues et les autres dépourvues, ramenées à l'activité contributive des artistes.

Il n'y aurait pas d'*open source*, pas de communs gérés par des collectifs, pas de conseils syndicaux, pas de conseils de quartier, pas de petits conseils municipaux ni de petits maires, pas de recherche citoyenne ou indépendante, etc.
L'agriculture locale aurait succombé à la compétition internationale.
Les solutions de demain, environnementales et sociales, ne seraient pas inventées ni déployées.

Le marché ne peut pas couvrir tous les besoins, à moins d'être subventionné.

Telle est évidemment son ambition puisque la tendance constitutive de l'économie de marché capitaliste, c'est l'augmentation de valeur continuelle, c'est-à-dire la croissance perpétuelle. Or la croissance perpétuelle, à un moment donné, ne peut plus provenir de l'amélioration de la productivité et doit trouver sa source dans l'appropriation de toute activité humaine ou naturelle au travers des deux processus de la *médiation* ou de l'*artificialisation*.

La médiation concerne l'intervention d'un tiers dans un processus, par exemple une jeune fille au pair s'occupe de nos enfants. C'est le cœur du secteur des services.
L'artificialisation désigne le remplacement d'un processus naturel par un processus technique, par exemple nous utilisons

« Il y a la montée des industries culturelles qui fait qu'il y a une véritable lutte entre Bercy, pour des raisons financières, pour des raisons de pouvoir. Les financiers, les grands argentiers pensent que les industries culturelles ne doivent plus ressortir finalement du ministère de la Culture, mais revenir dans un giron économique classique. On a eu évidemment, on a et on aura toujours de grandes difficultés à ce niveau-là. Et puis devant ce monde en perdition, et j'y reviens, on a toujours tendance à trouver que la culture ça coûte beaucoup d'argent […]. » (55' 50") un OGM (stérile) au lieu d'utiliser une semence naturelle (féconde). Mais on peut aussi parler d'artificialisation au sujet de la génération automatique de texte par les robots conversationnels comme Chat GPT.

L'appropriation de l'activité humaine et naturelle doit être comprise dans les deux sens du terme « approprier », à la fois comme une *incorporation* au marché sous la forme de marchandise et comme une transformation en *propriété* légale et financière.

Une nouvelle frontière de cette appropriation par le marché est en train d'être franchie avec ce qu'on appelle le *deepswap*. Le *deepswap* permet de transformer en temps réel son apparence physique et sa voix dans une captation vidéo pour lui substituer l'apparence ou la voix d'une autre personne.
À un panel qui réunissait des entrepreneurs pionniers du *deepswap*, au festival de Cannes 2023, la question éthique de cette substitution a été abordée uniquement à partir du point de vue de « la propriété intellectuelle des individus sur leur propre apparence et voix ». Le seul problème et la seule solution imaginés furent ceux de la propriété marchande. Il fallait protéger la « propriété intellectuelle » relative à sa personne.
L'humain, soi, est réduit à une question de propriété intellectuelle[1]…

Or c'est précisément cette appropriation-là par le marché qui constitue une « marchandisation », car elle transforme une relation humaine ou un phénomène naturel en service ou en bien dont l'objectif premier, voire exclusif, est d'alimenter le cycle lucratif. Marchandiser, ce n'est pas l'éventuelle

1. La conférence rassemblait des entrepreneurs en vue du secteur de l'intelligence artificielle au service des médias. URL : <https://www.cogxfestival.com/cannes-2023>, voir le panel réuni à 10 heures.

rétribution et protection sociale des contributeurs dont la motivation unique est de répondre à un besoin primordial. La confusion est fréquente, voire systématique. Là encore, on a affaire à une subtilité que le discours et les croyances politiques ne savent pas gérer ou ne savent pas incorporer.

Pourquoi ? D'abord parce que les croyances et les discours politiques sont portés par des personnes plus idéologisées que critiques ou inventives. Les erreurs du sens commun sont aussi les leurs : ils n'ont pas davantage de discernement parce qu'ils sont des leaders politiques, médiatiques ou intellectuels. Au contraire, ils en sont la voix.

Ensuite parce que le débat politique s'appuie sur des stratégies de marketing et de communication qui ne peuvent pas s'embarrasser de subtilités conceptuelles et qui visent l'attractivité, c'est-à-dire la séduction immédiate[1]. Or la séduction immédiate repose sur la flatterie des sphères émotives et libidinales, lesquelles sont éveillées facilement et efficacement par des lieux communs pétrifiés en étendards, des lieux communs qui agissent comme des cris de ralliement.

Dépasser les catégories usuelles du discours politique

Le mot « marchandisation » est un parfait exemple de « lieu commun » pétrifié en étendard. Il marche assez bien, cet étendard, à gauche comme à droite, et pas pour les mêmes raisons. À gauche, il est le symbole du capital. À droite, il est le symbole de la tendance à la profanation délétère des progressistes face aux traditions. Qui prendrait le risque de toucher à ce tabou ?

---

1. On peut penser aux réflexions de Hannah Arendt sur les nouvelles formes du mensonge en politique qui s'appuient sur les « relations publiques » et la publicité (Arendt, 2012 : 848-849).

Ce tabou, comme tout tabou, n'est pas accidentel. Il dénote une sacralité : la sacralité du *désintéressement*. Ce désintéressement sacré n'est cependant pas attendu de tous dans toutes les circonstances. Au contraire. La doxa économique qui a défini la richesse depuis le XVIIIe siècle s'appuie sur la vision d'un homme « rationnel » très intéressé, si intéressé qu'il ne connaît que son intérêt personnel, lequel se confond avec son désir purement égoïste et souverain[1]. Et cet homme intéressé a toute légitimité à l'être, au détriment de tous les autres, tant qu'il le peut. Son égoïsme intéressé est censé profiter à tous puisque sa richesse ruissellerait de manière suffisante sur l'ensemble de la pyramide sociale. Au demeurant, il serait dans son intérêt de préserver une espèce d'homéostasie globale pour ne pas s'autodétruire.

Pourquoi cet homme-ci a-t-il légitimité à être intéressé et le contributeur a-t-il obligation morale à être désintéressé ? D'abord, soyons lucides, parce qu'une grande partie de l'activité contributive concerne la sphère domestique, laquelle incombe traditionnellement à la femme. Le droit à l'intéressement est accordé à l'homme. L'obligation de désintéressement est imposée à la femme.

---

1. Dans son livre *Qu'est-ce que la richesse ?*, la sociologue du travail Dominique Méda fait remonter la définition de la richesse exclusivement à partir d'une transaction qui sanctionne l'expression d'un désir, à Malthus, Adam Smith et aux Walras, père et fils. Elle montre comment cette définition très partielle est reprise par la comptabilité nationale et par les indicateurs macroéconomiques, en particulier le PIB (Méda, 1999).
Cette assimilation de la richesse au désir est ancrée dans l'imaginaire au point que même Georg Simmel, philosophe ardu et exigeant, la prend comme le fondement de l'argent, sans se rendre compte qu'il ne définit pas l'argent mais la valeur telle que le système socioéconomique de son époque la conçoit (Simmel, 1987).

> L'économiste Linda Scott expose, dans son ouvrage paru en 2022 (Scott, 2022), comment l'économie mondiale repose de manière dysfonctionnelle sur l'invisibilisation et la dépossession du travail féminin au profit de l'homme. Elle appelle cette économie invisible féminine à laquelle on refuse la valeur « l'économie double X » (« *Double X Economy* »), en référence aux chromosomes de la femme. L'économie double X constitue une grande partie de l'activité contributive, mais pas son intégralité. L'activité contributive est plus vaste.

Mais cette assignation au désintéressement n'est pas seulement une question de discrimination genrée des tâches et des statuts sociaux dans notre organisation collective hétéronormée. C'est également, notamment en ce qui concerne l'activité contributive choisie, une question de motivation du contributeur. Le contributeur est censé tirer de son activité contributive une satisfaction ou un avantage qui *vaut* récompense. C'est comme si on disait à un travailleur qui aime son travail : « Sois heureux d'avoir un emploi qui te plaît ! Tu ne vas pas en plus demander un salaire, une couverture santé ou des cotisations pour ta retraite[1] »... Cette satisfaction relègue à tort l'activité contributive au « temps libre » ou au « loisir ». Mais, en réalité, elle ne correspond ni à l'un ni à l'autre.

---

1. Soulignons tout de même que l'excuse est aussi utilisée pour justifier de mauvaises conditions de travail ou de rémunération, dans trois cas : quand l'emploi est effectué dans l'un des domaines de l'activité contributive (santé, culture, sport, humanitaire, recherche, etc.), quand le projet porte la promesse d'une récompense ou d'une notoriété à venir (ce qu'on appelle le « travail spéculatif »), ou pour acquérir une expérience professionnelle.

2
L'activité contributive n'est pas du temps libre

L'activité contributive requise dans la sphère familiale

Une activité requise

L'activité contributive ne relève pas du « temps libre ». Tout d'abord, très littéralement, comme nous l'avons vu, nous ne sommes pas toujours « libres » de la faire, notamment lorsqu'elle concerne nos responsabilités domestiques et familiales.

> Nous sommes tenus de faire les courses, de préparer les repas, de maintenir notre habitat dans une certaine salubrité hygiénique, d'aller chercher les enfants à l'école, de leur donner un minimum d'attention, de soigner les malades et les dépendants.

Toutes ces responsabilités nous incombent et nous avons obligation de *les faire* ou de *les faire faire*. Le cas échéant, nous sombrons dans une négligence qui peut aller jusqu'à la maltraitance ou la mise en danger d'autrui ou de soi-même.

Il existe d'ailleurs bel et bien une « obligation d'entretien » des parents envers leurs enfants dans le Code civil. L'article 203 stipule que : « Les époux contractent ensemble, par le fait seul du mariage, l'obligation de nourrir, entretenir et élever leurs enfants », et l'article 371-2 que : « Chacun des parents contribue à l'entretien et à l'éducation des enfants à proportion de ses ressources, de celles de l'autre parent, ainsi que des besoins de l'enfant. »

L'organisation sociale hétéronormée a permis et permet encore aux hommes de *faire prendre en charge* ces responsabilités par les femmes, et ce malgré le partage égalitaire que semble promouvoir la loi…

L'activité requise : une activité encore genrée

Aujourd'hui, les femmes consacrent toujours plus de temps que les hommes à l'activité requise de la sphère domestique et familiale. Combien de fois plus ? Comme toutes les données qui concernent l'activité contributive, il est difficile de le dire avec certitude. Nous pouvons seulement l'estimer.

L'étude qui fait foi sur le temps consacré à l'activité contributive dans la sphère domestique remonte à 2010. Il s'agit de l'enquête de l'Insee sur l'emploi du temps (Roy, 2012). Les données datent.

Une étude plus récente a eu lieu sur ce thème, mais elle était consacrée aux inégalités hommes-femmes pendant le confinement (Delhomme et al., 2022). Le moment était exceptionnel et générait des charges plus élevées que d'habitude.

> Pendant le confinement, la scolarisation à domicile des enfants requerrait de la supervision. L'occupation intensive du domicile générait des tâches ménagères plus nombreuses. L'absence de restauration externe impliquait la préparation de plus de repas. Enfin, le stress de la cohabitation, de l'enfermement et de l'isolement social provoquait de la charge et du travail émotifs.

Toutefois, ce caractère exceptionnel ne remet pas en cause le ratio, c'est-à-dire le schéma structurel de répartition des tâches. Cette absence de données est coutumière, comme nous le verrons dans la partie consacrée à la mesure. Elle m'a amenée à forger le concept de « données refoulées ». Des données refoulées sont des données qu'on aurait eu les moyens d'obtenir sans coût supplémentaire, mais qu'on n'a pas pensé demander ou produire. Mais faisons comme nous le pouvons, avec ce que nous avons ! C'est notre motto pour rompre l'invisibilité de l'activité contributive.

Ainsi, au début des années 2000, une femme prenait à sa charge deux fois plus d'activité contributive domestique que l'homme.

> Selon l'étude sur l'emploi du temps, en 2010, une femme en couple, mère de famille, consacrait trente-quatre heures hebdomadaires à son activité contributive requise, tandis que l'homme en consacrait dix-sept[1].

Le ratio semble s'être maintenu, pendant le confinement.

> Pendant le premier confinement de 2020, 54 % des femmes en couple passaient plus de quatre heures quotidiennes à s'occuper des enfants, alors que seuls 38 % des hommes étaient dans ce cas. Et inversement : 43 % des hommes passaient moins de deux heures par jour à s'occuper des enfants contre seulement 24 % des femmes.
>
> De la même manière, 51 % des femmes consacraient plus de deux heures aux tâches domestiques par jour, contre seulement 26 % des hommes. Et, bien évidemment, le ratio s'inverse quand on retourne la lorgnette. Les hommes étaient 42 % à faire moins d'une heure de tâches domestiques quotidienne, pour seulement 21 % des femmes.

1. L'étude propose trois périmètres : restreint, intermédiaire et large. Je m'en réfère au périmètre intermédiaire, car c'est celui que j'ai utilisé dans l'étude sur la mesure de l'activité contributive.

Ces données concernent les couples, mais toutes les familles ne reposent pas sur un couple qui peut se partager, même de manière asymétrique, les tâches. En 2020, 25 % des familles étaient monoparentales (Algava et al., 2021) et 72 % de ces familles monoparentales reposaient sur la mère. Or quand un seul parent assume la responsabilité de l'éducation des enfants, il prend en charge encore plus de contraintes temporelles, émotives, financières et physiques.

Ainsi, même si nous ne pouvons pas savoir avec exactitude comment est absorbée aujourd'hui, en France, l'activité contributive domestique requise entre les hommes et les femmes, ni combien de temps elle nous occupe, nous pouvons affirmer qu'elle reste principalement une affaire de femmes. Et qu'il s'agisse des hommes ou des femmes, nous ne sommes pas « libres » de la faire.

L'activité requise du travail du consommateur et du *digital labor*

L'activité domestique n'est pas la seule activité contributive requise. Ce qu'on appelle traditionnellement le « travail du consommateur » en fait également partie (Dujarier, 2008). Pour comprendre en quoi consiste le travail du consommateur, voici une anecdote que j'ai vécue.

> Un dimanche 14 août, en fin d'après-midi, en sortant du métro, j'étais bien contente de voir que le magasin bio était ouvert. J'allais pouvoir acheter ce qu'il me manquait pour le dîner.
> Depuis que la boutique a installé des caisses automatiques, elle reste ouverte le dimanche toute la journée, sous la supervision de deux agents de sécurité. L'ambiance est étrange, un état intermédiaire, pas vraiment la vie d'un

magasin, un peu comme si un entrepôt avait été décoré, l'impression d'être chez quelqu'un quand on ne le devrait pas. J'attrape quelques produits – pas si essentiels en fin de compte – et je fais la queue à la caisse. Je vois les clientes devant moi scanner leurs courses, peser leurs fruits et légumes, certaines avec fierté de leur maîtrise, d'autres avec la peur de la machine et l'embarras de leur maladresse. C'est devenu honteux de ne pas s'en sortir avec l'électronique, internet, les réseaux sociaux et les interfaces en tout genre. Et puis, cette maladresse impose une lenteur incommodante face aux autres, se mêle à l'inquiétude de les retarder. Cette baisse de régime productif dont nous risquons d'être la cause impose une attente chronophage et désagréable, presque une incivilité...
Un des agents de sécurité commence à s'agiter. Visiblement, une cliente n'est pas assez adroite à son goût. Mon tour arrive, je prends ma place à la caisse, à côté de cette cliente plus lente. Je dois être sa troisième voisine. Son taux d'occupation de la caisse culmine donc à trois fois le temps moyen. On peut le dire encore autrement : son taux de rendement est au moins trois fois inférieur à la moyenne de productivité et de performance.
Son panier n'est pas énorme, mais elle hésite, elle doit peser plusieurs choses, tâche plus longue qu'un simple scan, et surtout elle n'est pas à son aise. Et là, soudain, la tension craque et l'interjection fuse : « Dépêchez-vous, Madame, il y a des gens qui attendent. Vous ralentissez tout. Ça ne va pas ! »
Le contremaître a tancé l'ouvrière : il y a une ligne, un rythme, une cadence, une productivité, une efficience à respecter ! *Allez, plus vite, Madame !*
Nous sommes à Montreuil. Les Montreuillois sont plutôt du genre à défendre l'ouvrière que le contremaître. Toutes les femmes de la file (oui nous n'étions que des femmes) réagissent de concert : « Vous vous rendez compte qu'on est en train de faire le travail à la place d'une caissière là ! En fait vous économisez un salaire sur notre dos ! Vous tuez le travail et en plus vous nous traitez mal ! »

> Enhardie, la consommatrice malmenée laisse ses courses et s'en va. Je l'avoue avec honte, pas nous. Nous avons contesté, mais nous n'avons pas agi. La grève des consommateurs n'a pas été initiée…

Cette anecdote ressemble à beaucoup d'autres que l'on peut retrouver dans le livre essentiel de Marie-Anne Dujarier (2008) sur le « travail » du consommateur. Elle condense plusieurs aspects que la sociologue observe, détaille et théorise :

- le transfert d'une partie de la production du service vers le consommateur pour économiser les coûts, notamment les coûts de transaction, et augmenter le profit ;
- la montée en compétences requise du consommateur qui s'apparente à une professionnalisation ;
- le « désencastrement » de l'aspect relationnel dans le service marchand, c'est-à-dire le fait de ne plus proposer de service relationnel, mais uniquement un produit, en transférant le relationnel à l'entraide entre consommateurs ou bien en la faisant payer ;
- l'utilisation de la pression sociale pour assurer le taux de rendement ;
- le coût émotif associé au travail du consommateur, etc.

Une « coproduction » est attendue du consommateur au moment de la commande, de la réception, de l'installation, de l'entretien et de la réparation. Mais la coproduction n'est pas seulement attendue du consommateur. Elle est également exigée du citoyen qui cherche à effectuer une tâche prescrite comme payer ses impôts, déclarer sa situation de chômage, demander une aide à la CAF ou à la Sécurité sociale, ou encore de l'étudiant qui exprime ses vœux d'orientation ou qui tente de s'inscrire à un cursus.

Je pense en particulier à deux situations que j'ai rencontrées : la prise de rendez-vous à la CAF pour ma sœur handicapée et la prise de rendez-vous à la préfecture pour renouveler une carte de séjour pour une amie de 70 ans.

> Ma sœur, handicapée, ne sait pas utiliser internet ni un téléphone portable. Elle est terrifiée devant ces outils. Sa peur bloque sa capacité à se former. Mon amie a 70 ans et elle n'est pas une « virtuose » du numérique, pour reprendre une expression que Marie-Anne Dujarier utilise pour désigner certains consommateurs-travailleurs particulièrement habiles. Je suis donc intervenue à leur place. Pionnière des industries numériques, je suis plutôt à l'aise avec internet. Mais rien à faire : impossible de réussir les procédures pour prendre rendez-vous. Les deux « expériences utilisateur » de prise de rendez-vous semblaient avoir été construites pour entraver la prise de rendez-vous, pour l'empêcher.
>
> En ce qui concerne la CAF, nous n'avons pas trouvé de solution. Ma sœur a dû attendre la fin du confinement et se déplacer à la réouverture des guichets. Quant à la demande de rendez-vous à la préfecture, j'ai dû monter en compétences pour apprendre à déjouer les divers pièges qui me ramenaient au point de départ, à n'importe laquelle des étapes, sans explication. Le plus fréquemment mon parcours échouait car le délai d'affichage autorisé pour la page était dépassé. Or – contradiction du système – la plateforme était très lente. À chaque clic, elle moulinait pendant plusieurs minutes.
>
> Chaque tentative de prise de rendez-vous durait un quart d'heure. Je passais au moins une heure à la tâche quand je trouvais le courage d'essayer. C'était comme un jeu où l'avatar meurt et le joueur doit recommencer au début, en beaucoup moins drôle et avec des enjeux réels et conséquents.
>
> J'ai notamment dû comprendre, à force de lire les messages d'erreur, qu'il fallait me connecter dans une période précise d'un mois avant la fin de la date de péremption de la carte de séjour en cours. Avant c'était impossible, après c'était trop tard.

> C'était affreusement stressant: qu'allait-il se passer si je n'obtenais pas un rendez-vous à temps? Le « jeu » avait-il prévu, à l'ultime étape de confirmation du rendez-vous, de m'annoncer qu'il était trop tard et que nous étions en situation d'irrégularité irrattrapable?
> J'ai finalement réussi à « décrocher le pompon » grâce à une information glanée je ne sais plus où. Il fallait se connecter au moment de l'ouverture mensuelle des rendez-vous, le premier lundi du mois, vers 5 heures du matin.

Ces exemples le montrent: l'activité contributive qui résulte de la coproduction exigée du consommateur et du citoyen n'est pas du temps libre. C'est du temps contraint, requis… on pourrait presque dire volé…

Transfert du travail sur l'activité contributive

Ne pas confondre les causes et les moyens

Il serait erroné d'imputer ces situations à la « digitalisation », c'est-à-dire à la transformation numérique, et à l'automatisation. La *digitalisation* et l'*automatisation* ne sont pas des fins en soi. Elles servent une certaine « rationalité » économique[1] qui cherche à créer du profit supplémentaire pour les entreprises et à réduire les coûts pour l'État.

Cette rationalité économique repose sur un mécanisme social actuel: le transfert d'une activité qui incombait autrefois au travail et au travailleur, à l'individu et à l'activité contributive.

> Ce n'est pas *à cause* de la transformation numérique que les caissiers sont remplacés par des caisses automatiques utilisées

1. J'écris « rationalité » entre guillemets car elle n'a rien de rationnel. Elle relève d'une mythologie qui construit un univers narratif performatif: une mythopoïèse. À ce sujet, voir Lipsyc (2018).

en libre-service ni que les services clients sont remplacés par des agents conversationnels. C'est parce que l'entreprise veut augmenter ses profits.
Ce n'est pas *à cause* de l'équipement informatique des citoyens et de leur montée en compétence que l'État a remplacé des guichets par des plateformes numériques. C'est parce que l'État veut diminuer ses coûts.

Ainsi l'automatisation et la transformation numérique rendent possible le transfert du travail vers l'activité contributive et vers le contributeur, elles l'étendent, elles l'outillent, mais elles n'en sont ni la cause ni la fin : elles en sont les moyens.

Ce point est très important. Il explique pourquoi il devient critique – maintenant – de nommer, de détecter et de mesurer l'activité contributive : une société dont le modèle social repose sur le travail se met en péril quand elle remplace le travail par de l'activité contributive, sans contrepartie.

Une situation sociale paradoxale et périlleuse

C'est par le travail que nous sommes censés accéder aux ressources. C'est par le travail que nous avons le droit d'obtenir une part de la propriété sociale commune que constitue la retraite par répartition. C'est par le travail que nous pouvons prétendre à des aides réservées aux travailleurs comme la prime d'activité. C'est par le travail que nous sommes définis dans l'ordre social et que nous obtenons de la reconnaissance.

Que se passe-t-il quand on déshabille le travail rémunéré et protégé pour faire porter le poids et le coût sur l'individu contributeur sans reconnaissance, rétribution, ni protection ? Il se passe au moins trois choses : premièrement, on fait porter une charge temporelle et émotive supplémentaire sur l'individu, deuxièmement, on diminue le travail disponible et troisièmement, on augmente les profits des entreprises.

Et pourquoi pas ? Mais il convient de discuter des termes de cette situation de transfert et de les rendre compatibles avec nos autres injonctions, nos autres charges et surtout avec la circulation de la valeur. Il importe que cette valeur créée par notre travail gratuit puisse irriguer les coproducteurs que nous sommes, au lieu de nous dépouiller et de nous stresser un peu plus.

Il convient également de ne pas faire de ce travail de consommation un instrument de torture[1], ce qu'il est actuellement.

> Qui ne redoute pas de devoir réinstaller ou réparer son téléphone portable, ou son ordinateur ou sa box internet ?
> Qui ne tremble pas devant une mise à jour de logiciel ou de système d'exploitation qui peut détruire des données ou rendre caduques des compétences numériques chèrement acquises, ou encore qui risque de créer des incompatibilités avec des outils essentiels de notre vie professionnelle ou personnelle ?
> Qui n'a pas envie de hurler avant de joindre une hotline qui va nous mettre en relation avec des personnes transformées en automates ?
> Qui ne souffre pas de devoir perdre des heures et des jours pour entreprendre ces démarches de service après-vente incontournables ?
> Qui ne devient pas fou quand il attend toute une journée une livraison qui ne vient pas, qui l'immobilise à son domicile et qui au final a été déposée dans un point relais à 2 kilomètres de chez lui sous le faux prétexte de l'absence du destinataire…

---

1. Relevons le pléonasme. Travail vient du latin *tripalium* qui désigne littéralement un instrument de torture. Nous pouvons presque venir à nous demander si, dans nos processus collectifs inconscients de sacrifice et de sacré, tel n'est pas l'objectif : inventer un nouvel instrument de torture qui remplace le travail, lequel est en réalité de plus en plus protégé.

Mais tout le travail du consommateur n'est pas lié au numérique. Il inclut par exemple l'entraide des patients d'un hôpital qui compense le temps et les dispositifs d'explication de parcours qui ne sont pas proposés par le service médical, le rangement d'un plateau et le tri de ses déchets dans un restaurant, le montage des meubles en kit, etc.

Notre vie abonde de ces petites choses que nous faisons, nous, en tant que consommateurs ou citoyens. La part du travail du consommateur qui est liée au numérique est appelée *digital labor* ou « travail gratuit du numérique ».

Le digital labor : une forme particulière du travail du consommateur

Le *digital labor* connaît une forte croissance. Plus forte encore que celle de la filière numérique. La preuve ?

Dans l'étude que j'ai menée sur l'activité contributive des Français, j'ai tenté d'estimer le volume d'activité que représente ce *digital labor*. Comme les données d'entrée n'existent pas encore, l'estimation est imparfaite et surtout inférieure à la réalité. Néanmoins, il est possible de dire que le *digital labor* représente aujourd'hui l'équivalent, en France, d'au moins un million deux cent mille emplois à temps plein (ETP). La filière numérique, elle, ne prend à sa charge que sept cent mille salariés.

Sans notre activité contributive, y aurait-il une filière numérique ? Et pas seulement une filière numérique française, mais une filière numérique mondiale et notamment américaine ? Car, je l'admets, la comparaison entre le million et quelques d'équivalent temps plein de l'activité contributive et les sept cent mille emplois de la filière numérique française relève de la rhétorique plus que de l'exactitude. Notre *digital labor* français n'est pas effectué au profit exclusif de la filière numérique française, mais de l'ensemble de la filière numérique internationale et notamment américaine.

Le digital labor : la nouvelle colonisation numérique

Cette question du transfert de notre travail gratuit au profit de l'industrie américaine soulève bien évidemment une autre question : celle d'une nouvelle forme de colonisation comprise en termes d'exploitation des ressources d'un autre corps social que le sien, au détriment de celui-ci et au profit du sien.

Faudrait-il faire entrer ces chiffres dans « la balance des biens et services » qui retrace la valeur des biens et des services que nous échangeons à l'import et à l'export ? Les mettre au regard des impôts que cette industrie américaine ne nous paie pas ? Cette question est d'autant moins anodine qu'elle n'est pas notre seul cadeau fait à l'industrie numérique américaine. À notre activité contributive, il convient d'ajouter les *data* que nous offrons.

La production des *data* n'est pas de l'activité contributive. Ce n'est pas même une « activité ». Les *data* sont les traces que nous laissons à notre insu. Nous ne les fabriquons pas volontairement.

> Quand vous utilisez internet, vous vaquez à vos occupations numériques. Ces occupations laissent des traces : les sujets qui vous intéressent, les personnes que vous connaissez, les lieux où vous allez, vos sensibilités politiques ou poétiques, vos préoccupations de santé, vos prévisions d'achat, etc. Vous n'avez pas décidé de fabriquer des traces pour les organismes qui les récoltent. Vous avez vécu votre vie.

Comme nous le verrons dans la seconde partie, l'activité contributive désigne quant à elle des tâches que nous effectuons volontairement, et que nous pourrions déléguer et acheter. Quand les tâches ne peuvent pas être déléguées, comme manger, faire du sport, apprendre, il ne s'agit pas d'activité contributive Personne ne peut produire mes *data* à ma place. En conséquence, la production de *data* ne peut pas relever de l'activité contributive. C'est justement parce que je peux, dans l'absolu, déléguer et payer mon activité contributive, qu'elle détient une valeur économique indéniable.

> Si vous ne faites pas à manger, si vous ne faites pas votre ménage, si vous n'allez pas chercher votre enfant à l'école, si vous n'installez pas votre ordinateur, si vous ne vous libérez pas pour récupérer une livraison : vous devez payer quelqu'un pour le faire à votre place.

C'est ainsi d'ailleurs que la part d'activité contributive contrainte diminue pour les classes sociales les plus élevées qui ont les moyens de la déléguer à des employés, parfois précaires, parfois même non déclarés.

Le temps libre, une notion idéologique à questionner

Donc non, l'activité contributive n'est pas du temps « libre ». C'est un temps parfois très contraint comme celui de l'activité contributive requise par notre sphère familiale ou comme celui de notre activité de consommateur « coproducteur ».

Et c'est parfois un temps professionnel qui n'a de « libre » que le fait d'avoir été « librement choisi » par le contributeur, à ses propres risques, en dépit de toute rationalité économique et malgré les injonctions sociales de privilégier un travail rémunérateur.

En réalité, cette étrange notion de « temps libre » n'existe qu'en opposition au travail. La notion de temps libre n'existe pas en soi. Elle fait partie du tandem, de la « dyade[1] » $\frac{\text{travail}}{\text{temps-libre}}$.

1. Une « dyade » désigne une unité complexe, composée de deux éléments solidaires. Nous reviendrons un peu plus loin sur cette notion que j'emprunte au linguiste Gustave Guillaume.

Temps libre et temps de travail

Le temps est dit « libre » car il n'est pas consacré au travail rémunéré. Associer le temps « hors travail rémunéré » nous apprend – par contraste – que le temps de travail est un temps imposé. Il est le temps que nous *devons* au collectif. Il est *le* temps de référence collectif qui organise nos vies.

Il est intéressant d'analyser ce fait sans le restreindre aux analyses économiques, qu'elles soient libérales ou marxistes. Il faut en avoir une vision plus sociale et philosophique. Il faut comprendre les aspirations qui, à un moment donné de l'histoire, se sont incarnées dans l'établissement du travail comme temps de référence.

Le socioéconomiste Roger Sue suggère qu'au moment de la Révolution française, l'idéal rousseauiste de démocratie directe et participative ne pouvait être atteint en raison du trop grand nombre de citoyens[1]. La démocratie directe à Athènes pouvait fonctionner puisqu'elle était réservée à l'équivalent du « 1 % » d'ultra-nantis. Étendue à toute la population (masculine) française de la fin du XVIIIe siècle, la démocratie directe devenait beaucoup plus compliquée. Il a donc fallu trouver un dispositif qui permette à tous de participer au destin collectif de manière « égale », c'est-à-dire sans distinction due à une assignation statutaire[2].

---

1. À ce sujet, voir l'intervention de Roger Sue en ouverture de la soirée de signature de la Première Déclaration des droits du contributeur, disponible sur le site de l'initiative {contributive} : « 30 avril, au Nouveau Théâtre de Montreuil – 1re Déclaration des droits du contributeur. Communiqué de presse – Invitation à la soirée de conclusion de l'enquête {contributive} », *contributive.org*.
2. Bien évidemment cette égalité n'incluait pas les femmes. L'assignation statutaire du genre, elle, n'était pas remise en question, malgré les revendications des premières femmes actrices de la révolution.

Selon Roger Sue, ce dispositif, ce fut le travail. Avant la Révolution, le travail rémunéré était méprisé. Avec la Révolution, il devient le socle de la citoyenneté.

> « Le travail a [...] été le grand principe organisateur des Temps modernes. Au XVIIIe siècle, avant d'être une valeur économique, il est d'abord destiné à occuper le temps des hommes, en particulier celui des "classes dangereuses", des voleurs ou des pauvres. Il détourne des passions, des vices et de l'oisiveté, il neutralise la violence et pacifie le "commerce" entre les hommes[1].
> Au XIXe siècle, pour la très grande majorité de la population, il absorbe la quasi-totalité du temps de vie, du plus jeune âge à la mort. » (Sue, 1997 : 33)

Et en effet, depuis les Temps modernes, le travail est devenu le « temps social » de référence. Roger Sue définit les « temps sociaux » comme « les grandes catégories ou blocs de temps qu'une société se donne et se représente pour désigner, articuler, rythmer et coordonner les principales activités sociales auxquelles elle accorde une importance particulière » (Sue, 1994 : 29).

Avant la Révolution, le temps social de référence était le « temps sacré ». À ce « temps sacré », s'opposait un « temps profane » (Sue, 1994 : chapitre II). Et c'était pendant le temps secondaire du profane qu'étaient effectuées les activités socialement nécessaires, comme l'agriculture, le commerce ou l'artisanat. Depuis la Révolution, le temps social de référence, le temps principal, c'est le « temps de travail » auquel on oppose un « temps libre ».

1. Albert O. Hirschman, *Les passions et les intérêts*, Paris, PUF, 1980, cité par Roger Sue dans l'extrait.

On peut oser la comparaison et dire que le travail est devenu notre nouveau sacré… D'ailleurs, n'est-ce pas ce que l'on sous-entend quand on motive les discours politiques ou économiques au nom de la « valeur travail » présentée comme valeur suprême ? On ne parle pas de « valeur fraternité ». On ne parle pas de « valeur solidarité » ou de « valeur associativité » ou de « valeur équité ». On parle de « valeur travail ». Mais pourquoi appelle-t-on le temps qui n'est pas dédié au travail : temps « libre » ? En quoi « ne pas travailler » est une liberté ?

Le travail : un temps de privation de la liberté

Le travail s'oppose à la liberté parce que, *dans les faits*, le travail n'a pas été l'expression du pouvoir citoyen partagé, de notre participation à la gouvernance du monde commun. Il a été le moyen de l'exploitation du plus grand nombre par le plus petit nombre au travers de la marchandisation du temps. Et la marchandisation de notre temps correspond à la marchandisation – partielle et temporaire – de notre liberté. Pour nous en convaincre, il suffit de lire la définition du « temps de travail effectif » dans le Code du travail français actuellement en vigueur :

> « La durée du travail effectif est le temps pendant lequel le salarié est à la disposition de l'employeur et se conforme à ses directives *sans pouvoir vaquer librement à des occupations personnelles.* »
> Article L3121-1 du Code du travail

Le temps de travail est donc bel et bien, officiellement, un temps de privation de liberté personnelle. Certes et fort heureusement tout n'est pas permis pendant ce segment de privation de liberté : le reste de la loi et des Droits de l'homme et du citoyen s'appliquent. Nous ne sommes pas des esclaves soumis au bon ou au mauvais vouloir du maître.

Toutefois, le Code du travail français commence par une mise au point qui peut alimenter les inquiétudes :

> « Nul ne peut apporter aux droits des personnes et aux libertés individuelles et collectives de restrictions qui ne seraient pas justifiées par la nature de la tâche à accomplir ni proportionnées au but recherché. »
> Article L1121-1 du Code du travail

Beaucoup de choses peuvent être justifiées par la nature des tâches à accomplir et du but recherché. Heureusement que ces deux articles ne sont pas les seuls à cadrer les relations entre un employeur et un employé ! Toutefois, ces deux articles ne laissent aucun doute : le travail est bel et bien un temps de restriction et de privation de liberté.

Nous pouvons d'ailleurs suggérer que les questions que soulève et a soulevé l'âge de départ à la retraite ne sont pas étrangères à ce sentiment de *privation de liberté*. Après une vie de ce qui est présenté et vécu comme une privation de liberté, nous aspirons à la « liberté[1] »... Même si cette liberté est très entravée par nos obligations familiales d'aidants et de grands-parents : 45 % des personnes entre 60 et 84 ans sont des proches aidants, surtout les femmes, et deux tiers des enfants sont gardés par leurs grands-parents, surtout les grands-mères (Kitzmann, 2008).

Ainsi, le « temps libre » est une expression sans fondement en soi. Elle ne désigne pas un temps libre de contraintes, d'occupations, de tâches productives, d'activité professionnelle.

1. Il est intéressant de noter que, par ailleurs, il n'existe pas de définition précise du travail dans le Code du travail. On sait ce qu'est le temps effectif de travail, un temps sans liberté personnelle. On ne sait pas ce qu'est le travail.

Elle désigne juste un temps « hors travail » dans une société qui utilise le travail comme un régulateur social :

> Le travail discipline par privation de liberté.
> Il assigne une place et un rang au travers du statut et de la rémunération.
> Il rythme l'organisation individuelle et commune au travers des jours ouvrés : leur nombre, leur distribution et leur longueur.
> Il structure le cycle de l'existence individuelle par ses exigences de durée globale comme le nombre de trimestres qui doivent être cotisés pour avoir le droit de prendre sa retraite.

Ainsi, l'activité contributive est dite « libre » avant tout parce qu'elle échappe à ce temps imposé et dû. Mais est-ce la seule raison ?

Lorsque nous avons composé la Première Déclaration des droits du contributeur, à la fin de l'enquête {contributive} en 2021, le milieu associatif a insisté pour que soit bien intégrée cette notion de liberté. L'article cinq de la Déclaration stipule très explicitement que « le contributeur choisit librement de contribuer ».

À quoi renvoie cette liberté ? Et pourquoi avons-nous trouvé essentiel de la mentionner dans la Déclaration ?

Liberté négative de l'activité contributive requise

La liberté de contribuer renvoie avant tout à l'absence de coercition.

> Par exemple, on ne peut pas obliger légalement une femme, parce qu'elle est femme, à se dédier à la vie domestique, l'assigner à domicile.

Dans les faits, cette liberté de vaquer ou non aux tâches domestiques est cependant entravée par deux réalités sociologiques : d'une part, le partage genré des tâches qui se joue encore et toujours au sein des relations de couple et, d'autre part, le niveau de richesse.

Les familles qui en ont les moyens peuvent payer des travailleurs (généralement des travailleuses) pour qu'elles fassent une grande partie de l'activité contributive liée à la sphère familiale.

Ainsi, la liberté d'assumer l'activité contributive domestique est ce qu'on appelle une liberté négative. Une liberté négative désigne un droit : « j'ai la liberté, le droit, de faire quelque chose ». La liberté positive désigne, quant à elle, une capacité ou plutôt une capabilité : « j'ai le droit de faire quelque chose et en plus je suis en mesure de le faire ».

> Une mère de famille a le droit de payer une nounou pour s'occuper de ses enfants, voire deux ou trois si elle veut être totalement libérée des obligations liées au soin et à l'éducation des enfants. Liberté négative.
> Mais encore faut-il qu'elle puisse payer ce personnel. Liberté positive.
> Une femme peut dire : « j'en ai assez, je ne ferai pas la vaisselle et je ne rangerai pas ! » Liberté négative.
> Ce n'est pas pour autant que son conjoint va nettoyer et la libérer de cette charge. Liberté positive.

En occident, l'activité domestique contrainte reste tout de même une liberté, fût-elle négative. La dystopie *La servante écarlate* de Margaret Atwood donne l'exemple d'un régime qui n'accorde pas cette liberté aux femmes.

> Dans cette Amérique totalitaire et génocidaire dirigée par un parti religieux chrétien, les femmes se voient retirer tous leurs droits civils. Elles sont assignées aux tâches relatives à la sphère familiale et ont même interdiction de lire.

Malheureusement, cette absence de liberté n'existe pas seulement dans les romans. Pensons par exemple à l'Afghanistan des talibans ou encore aux sociétés rurales ougandaise ou bangladaise décrites par Linda Scott dans son ouvrage sur l'économie double X (Scott, 2022).

Catherine Guillouard est en revanche un exemple de liberté positive devant l'activité contributive requise.

> En 2022, alors qu'elle dirigeait la RATP et que le gouvernement voulait la nommer P.-D.G. d'EDF, elle a choisi de démissionner pour se consacrer au rôle de proche aidant auprès de ses parents.
> Son choix a été salué, car comment ne pas saluer le dévouement que l'on pare de tant de vertus pour le commun des contributeurs et surtout des contributrices ? Mais ce choix a aussi sidéré, d'où le bruit médiatique qu'il a provoqué.

Quand une femme a réussi à briser tous les plafonds de verre, on ne conçoit pas qu'elle fasse le choix de l'activité domestique. Preuve que cette activité « privée » est perçue socialement comme un travail encore plus méprisé que le travail du service à la personne.

Les contributeurs domestiques sont « les invisibles des invisibles », pourrait-on dire pour prolonger l'expression du philosophe politique Denis Maillard (Maillard, 2021).

> Les « invisibles » ou encore le « back office », c'est le nom qu'il donne aux treize millions de travailleurs dont le métier est essentiel, nous en avons eu la preuve pendant la pandémie et le confinement, mais dont socialement et économiquement le travail est dévalorisé. Dans les faits, le contributeur est encore plus invisible que l'invisible.

Qu'une P.-D.G. de grand groupe, énarque, quitte son poste pour devenir l'invisible des invisibles a soulevé une curiosité médiatique révélatrice de l'inouï de la situation et du peu de liberté positive associée dans les imaginaires à un tel choix. Mais que l'activité contributive domestique requise ne soit pas une liberté positive pour tous, en tout ni tout le temps, n'en fait pas moins une liberté quand même.

Liberté positive de l'activité contributive choisie

L'activité contributive choisie, notamment le bénévolat, relève quant à elle pleinement de la liberté positive : liberté du choix d'être bénévole, liberté des causes choisies.

> Aurélie a choisi sans contrainte de créer l'association Ikigaï, Géraud d'être bénévole dans un club de sport, Christine de se présenter au rôle de maire de son village normand.
> J'ai choisi librement d'adhérer à la coopérative alimentaire de mon quartier et de participer au compost municipal.

Cette liberté est aussi « liberté positive » dans la mesure où il faut des capabilités pour la mener : il faut en effet avoir la disponibilité temporelle, mentale et financière de s'engager dans une activité supplémentaire.

> La démographie du monde bénévole est éloquente à ce sujet : en 2022, 56 % des Français diplômés adhéraient à une association contre 22 % des personnes sans diplôme. On parle d'une « fracture associative » (Bazin et al., mai 2022).

Toutefois, le bénévolat devient de moins en moins l'exercice de sa liberté positive, d'où l'insistance du monde associatif à mentionner la liberté dans la Déclaration. Le bénévolat devient de moins en moins l'exercice de sa liberté positive, car il joue un rôle croissant dans l'employabilité. La vie contributive, les compétences qu'elle développe, l'expérience qu'elle permet d'acquérir, le réseau et la visibilité qu'elle offre parfois constituent désormais des facteurs différenciateurs quasiment indispensables de la sélection dans un cursus de formation et de recrutement. Preuve en est, il existe une section « Causes » dans le profil professionnel LinkedIn.

Tant mieux pourrait-on dire. C'est une forme de valorisation de l'activité contributive bénévole. Toutefois, il ne faudrait pas que cette valorisation se transforme en injonction, voire en obligation. Le bénévolat ne serait alors plus du tout une liberté. Ni positive ni négative. C'est d'ailleurs le cas avec les « aides sociales conditionnées » ou *workfare.*

Le *workfare* désigne des dispositifs où le versement des aides sociales oblige le bénéficiaire à effectuer des travaux d'intérêt public. Le *workfare*, c'est par exemple le RSA conditionné qui a été voté, en France, le 14 novembre 2023 dans la loi pour le plein emploi.

Le scandale du workfare

Maud Simonet, dans son livre *Travail gratuit: la nouvelle exploitation ?* (Simonet, 2008), a étudié le *workfare* aux États-Unis où il a été déployé sous la présidence démocrate de Bill Clinton.

> Elle décrit, par exemple, comment l'entretien des parcs et jardins à New York a été délégué aux pauvres qui ne touchaient rien de plus que les aides auxquelles ils avaient le droit auparavant, au détriment des jardiniers de la ville, lesquels ont peu à peu disparu.
> L'opération fut d'autant plus profitable aux services publics que les jardiniers étaient syndiqués et payés au tarif syndical alors que les pauvres, eux, ne touchaient rien pour effectuer ce même travail.

Au lieu d'aider les pauvres à se « réinsérer », le *workfare* a créé de nouveaux pauvres : les jardiniers qui ne trouvaient plus de travail. L'aide sociale conditionnée est décriée par tous les acteurs de terrain qui luttent contre la pauvreté.

Ainsi, par exemple, le Conseil économique, social et environnemental (CESE), dans sa proposition d'un revenu minimum social garanti[1], insiste sur son caractère « inconditionnel » (Grard et Vigneau, 2017).

Au demeurant, conditionner l'obtention des aides sociales à des travaux est une négation de la forte situation de contribution requise à laquelle est déjà soumise la personne précaire. Quand on est pauvre, en effet, l'activité contributive requise est encore plus importante que pour le reste de la population.

Il en faut de l'ingéniosité pour s'en sortir ! On doit parcourir des kilomètres pour trouver des produits abordables, on doit faire soi-même un maximum de choses pour éviter les dépenses, on est soumis à un travail de l'usager des services publics long et harassant pour chacune de ses demandes d'aide. Souvenez-vous des deux exemples de ma sœur handicapée et de mon amie en attente de renouvellement de sa carte de séjour.

La personne qui a besoin des minima sociaux fait déjà sa part d'activité contributive. Elle n'a pas besoin d'en faire davantage.

1. Le revenu minimum social garanti n'existe pas encore. Ce n'est pas le revenu de solidarité active (RSA). Il s'agit d'une proposition d'un bouclier social unique, versé automatiquement aux personnes dont la situation fiscale montre qu'ils en ont besoin.

Une étude sur le travail domestique publiée en 2022 par Amit Kaplan, sociologue au Collège académique de Tel-Aviv-Yaffo, et Miri Endeweld, directrice du département de recherche de l'Institut national d'assurance, confirme le fait :

> En moyenne, les Israéliens consacrent 4,2 heures par jour à l'activité domestique.
> Une ventilation par sexe montre que – en moyenne pour toute la population – le nombre d'heures de travail non rémunérées par jour pour les femmes est presque deux fois supérieur à celui des hommes : les premières y consacrent en moyenne 5,45 heures par jour – contre 2,95 heures pour les seconds.
> Mais quand on regarde les données selon les revenus, on peut constater qu'elles diffèrent. Dans les ménages vivant dans la pauvreté, les femmes consacrent près de 7 heures de travail non rémunéré par jour, contre 3,6 heures pour les hommes. Dans les ménages qui ne vivent pas dans la pauvreté, les femmes travaillent environ 5 heures par jour et les hommes 2,8 heures (Endeweld et Kaplan, 2022 ; Gommes, 2022).

Et ces chiffres tiennent compte uniquement de l'activité domestique. Ils ne disent rien du temps consacré au reste de l'activité contributive et notamment au *digital labor* associé aux demandes d'aide.

Bien évidemment, l'étude israélienne n'est pas transposable à l'identique en France. Nous pouvons néanmoins émettre l'hypothèse que le phénomène – en soi – est similaire, et qu'en France aussi les personnes précaires qui bénéficient des minima sociaux effectuent davantage d'activité contributive requise que le reste de la population. Il n'est absolument pas justifiable d'exiger d'eux une contrepartie aux aides qu'ils reçoivent, comme s'ils ne faisaient pas déjà leur part de contribution à la société.

Cette activité qu'on leur impose – quinze à vingt heures hebdomadaires ! – ampute encore davantage leur possibilité d'améliorer leur situation et de sortir de la précarité. Elle s'apparente davantage à des travaux forcés punitifs qu'à une pseudo-réciprocité sociale.

Le discours officiel qui justifie le RSA conditionné en France ne dit pas cela, bien évidemment. Il parle d'aide à l'insertion professionnelle, une forme de réadaptation. L'argument est d'autant moins recevable qu'en 2017, un gouvernement, issu de la même majorité et sous la même présidence macronienne, a porté le coup fatal à un dispositif essentiel qui permettait aux associations d'embaucher des personnes précaires, les « contrats aidés », sous prétexte que ces emplois aidés « n'étaient pas efficaces dans la lutte contre le chômage » et « qu'ils n'étaient pas un tremplin vers l'emploi[1] ». Or les emplois aidés offraient de *vrais* contrats de travail, lesquels ouvraient des droits sociaux, apportaient la dignité de l'emploi et octroyaient au moins le SMIC. Faudrait-il croire aujourd'hui que cette même activité, mais effectuée gratuitement, sans contrat de travail, sans droits sociaux, sans reconnaissance, mettrait en situation d'insertion ? Difficile de voir la logique, encore moins la bonne foi ou le désir d'efficacité dans ce paradoxe.

1. Beaucoup d'articles et de reportages sont sortis en 2017 qui reprenaient les propos, entre autres, de Muriel Pénicaud, la ministre du Travail. Voir par exemple l'article : « Pour Pénicaud, les contrats aidés sont "inefficaces" contre le chômage », *Les Échos*, 10 août 2017.

Entre la réadaptation et le remboursement d'une pseudo-dette sociale, cette mesure ressemble tout de même fort à la notion de travail d'intérêt général, à la différence qu'être pauvre et avoir besoin d'aide n'est pas (encore) un crime punissable par la loi et requérant une peine[1].

---

1. Quoique, parfois, on peut en douter. Ainsi, la loi nommée à tort « anti-squat » criminalise le locataire qui a des impayés et qui ne quitte pas son domicile dès qu'un jugement est rendu. Il a le choix entre la rue et la prison.

3
L'activité contributive n'est pas un loisir

Loisir et non-loisir

Le loisir est un domaine d'étude sociologique et économique aux cadres de référence et aux définitions profuses. L'histoire de la notion est longue. On la fait remonter généralement aux Grecs et à la pratique de la *skholê* par la minorité privilégiée des citoyens.

Skholê et a-skholê : l'éloge du souci de soi

La *skholê* désigne un temps consacré, selon l'expression de Michel Foucault, au « souci de soi », un temps studieux et contemplatif où l'on se forme à vivre selon des principes supérieurs de beauté et d'éthique, à bien vieillir et à gouverner (Foucault, 2001).

La *skholê*, dans la Cité grecque, est réservée à ceux dont la vie n'est pas entravée par le « travail[1] », lequel est *a-skholê*. Le préfixe *a-* signale la négation, l'inversion, par rapport à la valeur de référence. Cette construction lexicale qui place la *skholê* en racine montre que cette activité de « souci de soi »

1. Il faudrait plutôt dire « l'équivalent du travail », car les Grecs n'avaient pas le concept du « travail » tel que nous l'entendons. Le « travail » apparaît avec la modernité.

correspond au temps social hautement valorisé et que son inverse, *a-skholê*, ce qu'on nomme désormais le « travail », est quant à lui méprisé.

Dans cette vision de l'activité humaine, comme l'explique Hannah Arendt, dans *Condition de l'homme moderne* (Arendt, 2012), le « travail » prolonge simplement les mécanismes physiologiques dans notre effort pour la subsistance. À la différence de l'« œuvre », qui ajoute quelque chose au monde, un objet, un bâtiment, une création de l'esprit, le travail, lui, ne laisse aucune trace. À la différence de l'« action » publique, il n'entraîne pas les hommes dans leur destin politique commun.

Le travail, ainsi défini, a pour fonction de produire ce qui se consume pour entretenir le vivant. Une fonction qui a été longtemps méprisée comme tout ce qui relevait de l'animal, du naturel, du physiologique. À ce titre, il était dévolu à ceux qui ne disposaient pas de statut, qui n'avaient pas de propriété, pas même la propriété de soi : les femmes, les esclaves et les serviteurs de tout genre.

On retrouve d'ailleurs la même partition entre la noble *skholê* et la vile *a-skholê* chez les Romains qui utilisent les termes *otium* et *neg-otium.* Les deux préfixes *a-* et *neg-* ont la même fonction : définir l'opposition à la valeur de référence. *Skholê* ou *otium* s'en trouvent confortés dans leur primauté sociale. Tout le monde l'entend, *neg-otium* a donné naissance au mot « négoce », autrement dit le propre même du lucratif. Le « négoce » était ainsi déconsidéré jusqu'aux temps modernes alors que maintenant il est devenu notre rouage primordial, le cadre qui structure notre organisation sociale et notre temps.

Loisir et travail: l'inversion des valeurs

Désormais, c'est bel et bien le travail *à visée lucrative* qui est le temps social de référence, celui qui est respecté, celui qui est évoqué dans la « valeur-travail » des discours politiques et moraux. Et c'est pourquoi, dans le vocabulaire, les expressions se sont inversées. Nous ne disons plus « non-souci de soi » ou « non-temps de retrait », pour désigner les *temps secondaires*. Nous disons « temps libre » ou « loisir ». Un temps libre et un loisir toujours un peu suspects d'*oisiveté*. Ah, les oisifs ! Méfions-nous des oisifs.

Ainsi, notre système de valeurs actuel, notre « axiologie », propose les équivalences suivantes :

travail = lucratif = productif = mérite
et
non-travail = non lucratif = non productif = démérite.

Une axiologie édicte les normes et induit les comportements. Elle a un vrai pouvoir sur le réel. Elle sert de base aux lois, au légal et à l'illégal. Elle influence les choix de gouvernance en matière de dispositifs publics, d'impôts, d'aides. Elle conditionne le regard et l'estime que l'on porte aux autres, aux siens. Elle s'insinue dans les attentes que l'on a de ses conjoints, de ses enfants ou de ses voisins.

Comme nous avons vécu avec cette axiologie de la valeur-travail (lucratif), nous sommes psychologiquement incapables de comprendre l'axiologie précédente qui proposait les équivalences inverses :

a-skholê (travail) = lucratif = sans propriété de soi = méprisable
et
skholê (non-travail) = non lucratif = propriété de soi = honorable.

Nous n'avons pas l'imaginaire ni la représentation de ce monde antérieur, qui n'était pas meilleur, qui n'était certainement pas plus égalitaire, ni plus propice, ni plus libre.

Mais l'histoire n'est pas aussi simple, linéaire et schématique que cette inversion des valeurs et des références. L'axiologie prémoderne n'a pas totalement disparu. Elle subsiste et résiste. Elle rejaillit dans nos réflexes et nos impressions. Elle se manifeste par une apologie du non lucratif et du désintéressement. Mais pas pour tout le monde et pas pour toutes les activités productives : exclusivement pour certaines catégories d'activités et pour certaines catégories de personnes.

Nous avons créé une exception dans notre axiologie : une zone anachronique où la noblesse est assimilée à la non lucrativité. Un territoire qui doit être préservé du lucratif, quitte à nier sa réalité d'activité productive, sa réalité de « travail ». Ce qui est assigné à ce territoire, à cette exception qui promeut l'honneur et l'obligation du non lucratif, c'est l'activité contributive.

Seulement voilà, nous sommes dans une société qui *valorise* le travail, dans les deux sens du terme « valoriser ». Le travail est une valeur symbolique honorée (sens premier) et le travail est monétisé (sens second). Comment résoudre cette contradiction ? Comment justifier de ne pas valoriser l'activité contributive qui, nous le savons tous, est un *effort* de même type que le travail ?

En refusant à l'activité contributive le statut social de « travail » et en la présentant selon l'une des trois modalités suivantes : une activité quasi physiologique, un dévouement désintéressé et noble ou un loisir. Ainsi, l'assimilation au « loisir » est une des trois formes de déni de la dimension économique productive de l'activité contributive. Examinons-les toutes les trois.

Le déni de valeur par rapprochement à une activité quasi physiologique

Cette première forme de négation de la valeur productive de l'activité contributive concerne essentiellement les activités liées à la sphère domestique[1]. En règle générale, le travail de la sphère domestique est perçu comme un « processus biologique du corps humain » (Arendt, 2012).

J'emprunte à escient cette expression à Hannah Arendt. Elle l'utilise pour définir la catégorie « travail » dans sa classification des activités humaines que j'ai déjà citée. Or cette classification n'est pas juste une manière de qualifier les activités humaines : c'est une *hiérarchie.* Et, dans cette hiérarchie, le travail y occupe la place la plus basse, opposée aux activités les « plus hautes et [...] enrichissantes » que sont l'œuvre et l'action (Arendt, 2012 : 62).

1. En dehors des cercles féministes, présenter les tâches domestiques comme de « l'activité contributive » créatrice de valeur soulève de fortes résistances. Ces critiques sont tellement véhémentes qu'elles prennent le devant et mènent certains interlocuteurs à rejeter l'ensemble du concept d'activité contributive. Au point où, au sein de l'initiative {contributive}, durant l'enquête, nous avons souvent et longuement débattu de la pertinence de les maintenir dans le périmètre de l'activité contributive. Il semblait plus simple de les écarter pour éviter ce risque. Le plaidoyer devait l'emporter sur la réalité, pour avoir des chances d'être entendu. Comme on peut le constater, j'ai refusé. Pas seulement par engagement féministe. Par rigueur épistémique d'abord. Dépouillée de l'activité domestique, l'activité contributive est tout aussi dénuée de consistance, de contenu et de sens, que si on la réduit à celle-ci. Notons que, dans le mouvement marxiste, s'est exprimée une situation similaire qui a été dénoncée par les féministes marxistes : on a demandé aux femmes de renoncer à leur lutte contre la domination patriarcale car il fallait d'abord emporter la lutte des classes.

J'ai tenu à mentionner cette hiérarchie et cette définition car elles montrent que – dans l'imaginaire commun et même dans l'imaginaire savant – l'effort lié à la sphère domestique et familiale est assimilé à un rouage du « processus vital » au même titre que la digestion, l'hygiène, la procréation ou la sexualité. Ainsi, puisque l'activité de la sphère domestique appartient au « mouvement cyclique de la vie », au « même cercle que prescrivent les processus biologiques de l'organisme vivant », pourquoi lui prêter une valeur économique, sociale ou symbolique quelconque (Arendt, 2012 : 137) ?

Il est intéressant de rappeler que, « jusqu'au dernier tiers du XIXe siècle », cette assimilation avec le « mouvement cyclique de la vie » concernait le travail, l'activité productive, en général. Aujourd'hui, elle est réservée aux tâches domestiques[1]. Faut-il y voir une dernière avancée à effectuer dans le mouvement de reconnaissance de l'apport et de la valeur du travail ? La dernière zone à conquérir ? Ou bien faut-il y trouver une forme sociale qui ne veut pas disparaître, qui continue et continuera, sous mille déguisements, à assimiler la femme, ses apports et son corps à la nature, une nature à dominer et à s'approprier. La femme reste en effet la principale actrice de l'effort domestique.

Le déni de valeur par rattachement au dévouement désintéressé

Cette deuxième légitimation de la dévalorisation de l'activité contributive concerne essentiellement le soin aux autres humains dans la sphère domestique ou par le bénévolat (le *care*). Nous réfléchirons plus amplement à la question du désintéressement dans la conclusion. Ici, j'aimerais juste

1. Chez Hannah Arendt, le mépris du travail reste très fort. Sa condamnation des temps modernes passe par la place qu'y prend le travail au détriment de l'œuvre et surtout de l'action.

décrire la situation, relater des exemples réels de contestations que nous avons rencontrées avec l'initiative {contributive}.

Ainsi, en 2022, lors de mon audition au CESE par la section « Éducation, culture et communication » qui préparait un avis sur l'engagement et le bénévolat, l'un des deux rapporteurs, représentant de la branche syndicale, perturbé par mon intervention, objecta que c'était « très important que certaines activités restent invisibles ».

On pourrait s'étonner de cette réaction de la part d'un syndicaliste censé défendre les invisibles. Pourtant, elle est très banale. Elle reproduit l'idée commune selon laquelle faire le bien doit être caché. On peut y retrouver l'influence de la morale chrétienne, laquelle met en garde contre la tentation de tirer gloire de ses bonnes actions, au risque de perdre sa récompense spirituelle.

> « Évitez de faire vos bonnes actions devant les gens de façon à ce qu'ils vous remarquent. Car alors vous n'avez pas de récompense à attendre de votre Père des Cieux.
> […] Ainsi ton aumône restera chose secrète, et ton Père qui voit dans le secret te le rendra », dit le célèbre verset 6 de Matthieu.

De la même manière, de nombreuses personnes militantes craignent une sorte de « contamination » marchande des rapports humains et affectifs, comme l'exprime ce commentaire reçu lors de la célébration des deux ans de la Déclaration des droits des contributeurs :

> « L'administration de ces activités (quantification, rémunération, etc.) peut les instrumentaliser, les dénaturer, en limiter la liberté, l'exercice spontané, etc., alors qu'elles s'exercent dans un autre ordre que l'ordre marchand, quantitatif, matérialiste. » André

Il existerait ainsi deux ordres : un ordre pur, non quantifiable, non monétisable, désintéressé, et un ordre vil, de chiffres, d'argent et de lucre. Certaines activités doivent demeurer dans la pureté du désintéressement. Il en va d'une espèce de salut social général. Et ce, quel qu'en soit le coût sacrificiel pour leurs agents.

Je me contenterais, à ce stade, de faire une observation. Cette opposition entre le pur et l'impur de la visibilité, de la quantification et de la monétisation est soulevée, en règle générale, par des personnes qui disposent d'un revenu indépendamment de leurs engagements contributifs. Elles n'émanent jamais de contributeurs précaires qui se dédient à l'activité contributive à temps plein. Eux ne trouvent aucune noblesse et aucune pureté à être exclus de l'ordre quantitatif et monétaire. Ils n'y trouvent que des inconvénients.

Le déni de valeur par assimilation au loisir

Le troisième prétexte utilisé pour exclure l'activité contributive de la valeur est son assimilation au loisir. Celle-ci concerne essentiellement l'art, la science et le sport, c'est-à-dire la production immatérielle.

Si l'artiste, le chercheur ou le sportif ne sont pas rémunérés ou s'ils sont insuffisamment rémunérés, c'est que leur pratique est un *hobby* et qu'ils sont des *amateurs*. Sans que nous puissions vraiment déterminer dans quel sens s'impose la règle. Est-ce parce qu'ils n'obtiennent pas de salaire décent qu'ils sont des amateurs ou bien est-ce parce qu'ils sont des *amateurs* qu'ils ne peuvent pas prétendre à une rémunération digne ?

Le professionnel et l'amateur : un système symbolique

Le statut d'amateur peut renvoyer à trois sens :

• juridique et fiscal (l'amateur n'est pas un « travailleur » et ne bénéficie pas des avantages du travail) ;

• institutionnel (l'amateur n'est pas reconnu par le milieu institutionnel comme un pair) ;

• qualitatif (l'amateur n'a pas le niveau du professionnel).

Les trois sens sont généralement solidaires : l'un sous-entend les autres[1].

L'opposition de l'amateur et du professionnel s'insère ainsi dans une série plus vaste d'oppositions qui constitue un système symbolique révélateur de notre organisation sociale. Plutôt qu'une série d'oppositions, je préférerais parler d'une série de « dyades », terme que nous avons déjà employé. La notion de dyade est intéressante, elle désigne un élément composite et solidaire où aucun des deux termes ne peut faire sens séparément. Il ne s'agit pas d'une opposition : il s'agit d'une existence conjointe et symbiotique.

1. Cette triple dimension de l'amateur est surtout vraie dans le milieu artistique. Dans le monde académique de la recherche, il y a une catégorie intermédiaire qui brouille un peu la donne, celle de « chercheur indépendant ». Le chercheur indépendant entretient des liens avec le milieu scientifique institutionnel, mais il n'est rattaché par contrat salarial à aucun établissement de recherche ou établissement universitaire. C'est souvent le cas des jeunes chercheurs, doctorants ou postdoctorants avant recrutement. En revanche, dans le domaine du sport, les trois niveaux ne sont pas forcément solidaires. Le « sportif de haut niveau », statut qualitatif, peut être indifférem-ment « professionnel » ou « amateur » au sens institutionnel, sans que cela ne dise rien de son statut fiscal ni de ses gains. Voir Damont et Falcoz (2016).

La représentation graphique de la dyade sous forme de rapport – $\frac{\text{élément A}}{\text{élément non-A}}$ – renvoie à cette unicité. Je l'emprunte à Gustave Guillaume, linguiste français fondamental, prolixe et oublié[1].

Cette série, ce système solidaire, établit les équivalences et la continuité suivantes :

$$\frac{\text{activité rémunérée}}{\text{activité non rémunérée}} \Leftrightarrow \frac{\text{travail}}{\text{temps libre}} \Leftrightarrow \frac{\text{travail}}{\text{temps privé}} \Leftrightarrow \frac{\text{travail}}{\text{loisir}} \Leftrightarrow \frac{\text{professionnel}}{\text{amateur}}$$

Au sein de ce système, une dyade justifie l'autre, de manière circulaire : une activité qui ne génère pas des gains est considérée comme un loisir exercé de manière privée, sur le temps libre, en amateur. Mais on pourrait tout aussi bien dire qu'une personne qui n'a pas été reconnue institutionnellement comme un professionnel ne peut pas accéder à la rémunération et doit exercer son activité à titre privé, sur son temps libre, comme une passion, un loisir, en amateur.

Introduire un troisième terme, le « contributeur », vient bousculer l'ensemble du système. Ce terme supplémentaire remet en cause la séparation binaire entre le professionnel qui travaille et l'amateur qui s'adonne à un loisir.

1. Gustave Guillaume ne se place pas dans la ligne saussurienne, qui sépare intégralement l'étude du langage de l'étude de la signifiance. Il n'isole pas le langage dans le formalisme de ses propres mécanismes, à la manière de la logique puis des traitements automatiques des langues que l'on nomme à tort « intelligence artificielle ». Gustave Guillaume utilise le concept de dyade pour désigner le caractère solidaire $\frac{\text{physisme}}{\text{mentalisme}}$ du langage. Le liant de cette dyade est la signifiance, le fait de faire sens. Voir Lipsyc (2018) et notamment l'article final, la tesselle 42, « Sujet et signifiance ».

Le contributeur, trublion du système symbolique

Comme l'amateur, le contributeur n'a pas accès aux avantages du travail et à sa protection. En France, ces avantages incluent : une rémunération qui ne peut pas descendre sous le seuil du salaire minimal, des conditions de travail qui imposent des temps de repos et une sécurité d'exercice, une protection sociale autour de la maladie, de la maternité et de la retraite.

> Ainsi, par exemple, l'artiste n'est pas rétribué à la hauteur de son temps de travail, le chercheur indépendant non plus.
> Les pompiers volontaires ou les dirigeants d'association peuvent être défrayés, mais ils n'ont aucun droit social afférent, le défraiement n'étant pas une rémunération.
> Le défraiement est aussi amplement utilisé en complément ou à la place de la rémunération de sportifs, dans des « arrangements » qui accommodent leur club, privant les sportifs d'une partie de leurs droits sociaux (Damont et Falcoz, 2016).
> On retrouve la pratique également dans les associations de l'humanitaire : 80 % des humanitaires sont des « volontaires ». Et tous les volontaires ne bénéficient pas des avantages proposés par Médecin sans frontières qui précise sur son site « tout expatrié cotise pour la retraite et bénéficie d'une couverture maladie et d'une assurance en cas d'invalidité/décès ». MSF n'a d'ailleurs pas toujours apporté ces bénéfices sociaux à ses volontaires.
> S'ensuivent des déficits de cotisation à la retraite et des indemnités maladies ou maternité impossibles à toucher.

Soulignons que le contributeur effectue la même activité que le travailleur professionnel. Et de surcroît il peut l'effectuer pendant le temps social du travail.

> Ainsi, selon l'étude de Sabrina Sinigaglia-Amadio et Jérémie Sinigaglia sur les temporalités du travail artistique, un artiste plasticien travaille en moyenne quarante-quatre heures par semaine (Sinigaglia-Amadio et Sinigaglia, 2017).
> Ces quarante-quatre heures correspondent, pour lui, à son temps social de travail.

Dans ces situations d'activité, ce qui distingue le *contributeur* du *professionnel* c'est donc exclusivement le fait qu'il exerce son activité selon l'une au moins des trois modalités suivantes :

1. il intervient à titre gratuit ;
2. sa rémunération est inférieure au salaire minimum ;
3. sa rémunération n'est pas associée à une protection sociale (maladie, maternité, retraite).

> Les plasticiens, étudiés par les Sinigaglia et qui travaillent en moyenne quarante-quatre heures par semaine, ont ainsi, par exemple, une rémunération moyenne de 760 euros mensuels (Salembier, 2020). C'est pourquoi leur activité professionnelle relève de l'activité contributive et non du travail.

Mais, si un *professionnel* ne parvient pas à remplir les conditions lucratives et sociales du travail, pourquoi avoir besoin de le désigner en tant que *contributeur* ? Pourquoi ne pas plutôt continuer à le considérer, lui, comme un *amateur*, et sa contribution comme un loisir ?

Nouvelle définition de l'amateur

L'amateur est littéralement « celui qui aime ». C'est une belle qualité. Le philosophe Bernard Stiegler en faisait une figure majeure, emblème d'une attitude attentionnée, attentive et active, l'inverse du consommateur, « celui qui consomme », qui avale.

L'amateur se construit lui-même quand il s'adonne aux activités qu'il « goûte ». L'amateur est ainsi dans « l'individuation » : il devient sa propre personne, son propre individu, au travers du temps et de l'effort qu'il consacre à ses intérêts. On retrouve ici l'idée du « souci de soi », *skhôlé*, le loisir dans sa plus belle des définitions. Stiegler propose d'ailleurs d'utiliser le terme « amatorat » plutôt que « amateurat » pour désigner cette façon constructive et identitaire d'être amateur, d'aimer.

L'amateur n'est pas toujours un praticien, il peut être juste un connaisseur.

> « Aimer le piano », par exemple, peut signifier « aimer écouter du piano » ou « aimer en jouer ».
> Mais aimer jouer du piano, être « amateur-praticien » de piano n'a jamais fait de personne un grand pianiste, ni même un petit.
> Aimer le piano, aimer écouter du piano, apprendre le piano, jouer du piano participe peut-être à mon bonheur, à la construction de ma personnalité, mais ça n'est ni du travail ni de l'activité contributive.

Pourquoi l'amateurat, ou « l'amatorat » tel que le définit Stiegler, n'est-il pas de l'activité contributive ?

Comme l'activité sportive que je fais pour mon bien-être, ma santé ou mon esthétique, personne ne peut « aimer le piano » à ma place et personne ne peut construire mon identité à ma place, ne peut s'individuer à ma place. Or l'activité contributive, comme le travail, peut être faite par quelqu'un d'autre que moi.

L'objectif de l'activité contributive est une *production nécessaire*, que ce soit moi ou un autre qui l'effectue. L'objectif du loisir, c'est l'expérience même de mon loisir. Ce qui compte, c'est le fait de le vivre. Je ne peux pas déléguer mon loisir.

> Si j'ai acheté une place pour une finale sportive à laquelle je souhaite assister et que je suis clouée au lit avec un lumbago, la personne à qui j'offre le billet ne vit pas l'expérience pour moi. Elle la vit, elle, pour elle-même. Moi je ne la vis pas.
> J'ai peut-être éprouvé de la joie à faire plaisir, mais cette joie n'est pas ma sortie au stade.
> Je vais peut-être regarder une retransmission depuis mon lit, mais alors mon loisir sera de regarder une retransmission de finale sportive à la télévision, il ne sera pas d'assister au spectacle et à l'événement avec les autres, dans un stade, immergée dans l'expérience présentielle, tous sens en éveil.

En revanche, l'activité contributive, elle, peut être déléguée. Exécutée par un autre, elle ne serait sans doute pas effectuée de la même manière que par moi et elle n'aurait peut-être pas les mêmes effets. Cependant, il est quand même possible de la déléguer. Quelqu'un d'autre que moi peut tenir mon rôle dans une association, faire à manger, développer ce code, jouer avec mes enfants, inventer une connaissance scientifique ou même écrire un livre d'introduction à l'activité contributive.

Ainsi, être *contributeur*, c'est « produire », c'est une activité, et être *amateur* c'est « faire l'expérience de », c'est un vécu. Un vécu généralement associé au plaisir. Fort heureusement, ce vécu agréable n'est pas réservé aux « amateurs » qui s'adonnent à un loisir ! On peut en effet espérer, pour eux, que tous les pianistes professionnels soient des amateurs de piano ! Dans l'idéal, l'amateur est le socle de tout professionnel.

> On aime la physique avant de devenir physicien. On aime les mathématiques avant de devenir mathématicien. On aime la recherche avant de devenir chercheur. On aime le théâtre avant de devenir metteur en scène. On aime lire et écrire avant de devenir auteur.

Par ailleurs, certains *amateurs* sont à n'en pas douter parfois aussi virtuoses que des *professionnels*. L'*amateur* n'est pas toujours la version dégradée du *professionnel* !

> Beaucoup de tricoteuses ou de couturières qui pratiquent « en amateur », pour leur plaisir, font des merveilles, dignes des productions de professionnels !

L'*amateur* n'est ainsi pas à opposer au *contributeur* et au *travailleur* mais il en est une forme de prérequis. Il est le goût qui oriente le choix d'activité et l'attitude qui conditionne une grande partie de la satisfaction du *professionnel*, que ce *professionnel* soit *contributeur* ou *travailleur*.

Dans cette nouvelle distribution des rôles, que devient le *professionnel* ?

Nouvelle définition du professionnel

Comme nous l'avons déjà évoqué, il y a traditionnellement deux manières de qualifier un *professionnel* : par une reconnaissance institutionnelle qui sanctionne la maîtrise de la pratique et par un statut fiscal lié au gain. Il est d'ailleurs préférable d'allier les deux pour être pleinement reconnu comme un professionnel d'un point de vue social, aux yeux de tous.

Le professionnel par le gain

La qualification de *professionnel* liée au gain relève du droit. Elle n'en est pas moins dépourvue d'une racine : elle s'inscrit dans un cadre de référence socioéconomique. Elle repose sur le consensus autour de la richesse, de la production et de la valeur.

La règle de base de ce consensus est simple : s'il y a acheteur, il y a valeur et production. S'il n'y a pas acheteur et gain, il n'y a pas de valeur ni de production.

Illustrons cette règle.

Jean a planté des patates dans son potager. Il récolte 1 kilo de patates. Il les mange. Valeur du kilo de patates : 0 euro.
Maintenant, imaginons qu'au lieu de manger ces patates, Jean les vende au prix du cours de la patate, soit 30 centimes[1].
Quelques semaines plus tard, Jean a envie de manger des frites, mais il n'a plus de patates en réserve. Il va en acheter au supermarché. Il les achète au prix de vente public (et non pas au cours de la patate), soit 1,28 euro.
Donc dans l'absolu, le kilo de patates vaut entre 30 centimes et 1,28 euro quand il s'insère dans le cycle lucratif achat-vente. À ce titre, d'ailleurs, soulignons qu'il entre dans les indicateurs de richesse de la France, notamment le PIB.
En revanche, quand notre kilo de patates n'entre pas dans le cycle lucratif, mais dans le cycle contributif, il perd toute valeur et il n'apparaît dans aucun indicateur. Et le principe reste vrai même si Jean, au lieu de manger lui-même ses patates, les offre à quelqu'un qui n'a pas mangé depuis cinq jours et lui sauve ainsi la vie.

Cette perception de la valeur et de la production n'a pas toujours existé. Elle émerge avec la société de marché des Temps modernes et avec l'institution de l'économie en science autonome. Dominique Méda qualifie de « coup de force » cette assimilation, à un moment donné de l'histoire, de la richesse avec ce qui peut être vendu et de l'utile avec le monétisable (Méda, 1999 : 10).

Assimiler la richesse exclusivement avec le produit d'une vente correspond, pour reprendre l'expression de Karl Polanyi, au *désencastrement* de l'économique hors du social, une forme

1. URL : <https://www.terre-net.fr/marche-agricole/pomme-de-terre/physique>.

d'autonomisation de la valeur en dehors de tout contexte global, de toute morale aussi.

Cette règle d'une valeur issue exclusivement d'un échange marchand s'applique également à l'art. Quand l'art entre dans des échanges marchands et produit de la valeur – *non pas un peu de valeur mais beaucoup de valeur, une valeur capable de rémunérer toute l'industrie culturelle avant de rémunérer l'artiste*[1] –, alors l'artiste est juridiquement considéré comme un « travailleur professionnel » avec tous les avantages sociaux associés.

Le cas échéant, l'artiste n'a pas de statut juridique. Il n'est pas considéré comme un « travailleur professionnel » et n'a aucun droit. Par la simple application des dyades $\frac{\text{professionnel}}{\text{amateur}}$ et $\frac{\text{travail}}{\text{loisir}}$, s'il n'est pas un travailleur professionnel, c'est donc que son activité relève du *loisir* et qu'il est un *amateur*.

Le professionnel par autorité institutionnelle

La qualification par le gain frustre le milieu artistique qui préfère une reconnaissance institutionnelle comme le montre cette remarque, dans l'introduction d'un numéro de la *Nouvelle revue d'esthétique* dédié aux « Amateurs » :

1. Le rapport Racine sur le statut des artistes-auteurs, « L'auteur et l'acte de création », remis en 2020 au ministre de la Culture, constate en premier lieu « la dégradation de la situation économique et sociale des artistes-auteurs [qui] se traduit par une érosion de leurs revenus, en dépit de l'augmentation générale de la valeur créée ». Une situation qu'il relie immédiatement au fait que « les artistes-auteurs, dont le temps de travail n'est pas rémunéré en tant que tel, pâtissent [...] du déséquilibre des relations avec les acteurs de l'aval (éditeurs, producteurs, diffuseurs, etc.) ».

> « La sociologie de l'attachement, dans la lignée des travaux d'Antoine Hennion[1], aura proposé néanmoins de ne pas se limiter à des définitions négatives : *par opposition au professionnel dont la reconnaissance est sanctionnée par l'attribution d'un statut social et d'une rémunération, au sens institutionnel, est écrivain amateur*[2] quiconque ne publie pas à compte d'éditeur. » (Gefen, 2020)

« Ne publie pas à compte d'éditeur » signifie ne pas être son propre éditeur, avoir été choisi par une maison d'édition qui, par sa sélection et son investissement, confère *autorité* au créateur, en fait un « auteur », un « écrivain ».

La reconnaissance d'écrivain dont on parle dans ce cas est avant tout symbolique et institutionnelle. Elle apporte une légitimité. Elle adoube la personne au sein de la communauté, mais elle ne garantit aucune rémunération, même insuffisante, et n'octroie aucune protection sociale. Elle apporte juste *autorité.*

Le critère d'autorité a une histoire très longue puisque dans la Rome antique, l'*auctor*, l'« auteur », désigne l'éditeur d'un texte et non son créateur. Il est celui qui assume le risque de retranscrire le texte, lequel a d'abord été dit avant d'être écrit[3]. Il est celui qui – par son investissement financier et par son

1. L'article renvoie à la référence suivante : Antoine Hennion, Sophie Maisonneuve, Émilie Gomart, *Figures de l'amateur. Formes, objets, pratiques de l'amour de la musique aujourd'hui*, Paris, La Documentation française, 2000.
2. L'auteure souligne.
3. « Les *litterae latinae* se présentent toujours comme la transcription d'une performance sociable préalable : jeux scéniques, discours, conversations de banquet, correspondance ou autres. Il n'est pas concevable d'écrire et de publier des *litterae* autrement qu'en empruntant une première énonciation qui donne sa forme à l'énoncé écrit, même si cette énonciation est fictive. » (Dupont, 2022)

statut – fait entrer le texte dans le corpus des « lettres latines », les *litteræ latinæ.*

Le mot « auteur » désigne désormais le créateur d'une œuvre. Toutefois, il ne reste « auteur » que par le processus de sélection de ceux qui ont « l'autorité ».

> « Un auteur est un scripteur habituellement reconnu par une institution de référence (faisant autorité) qui le déclare apte à "publier", c'est-à-dire à rendre publique une œuvre par les canaux de l'écrit imprimé, audiovisuel ou numérique. Reconnu par le système comme une de ses parties susceptibles de contribuer à renforcer le "faire autorité", le scripteur devenu auteur est intégré dans la chaîne de l'autorité et contribue à augmenter l'autorité du système de filtrage. » (Broudoux, 2003)

Il semble raisonnable d'étendre cette analyse du processus de l'autorité du système de filtrage qui confère institutionnellement la *qualité professionnelle* au chercheur, à l'artiste, voire même à l'artisan. Ce système de filtrage ne dit pas « cette personne exerce son art ou sa science *en tant que* professionnel » mais « nous, qui avons l'autorité, reconnaissons le statut de professionnel à cette personne ». Ce qui sous-entend : « cette personne exerce *avec une qualité, un niveau, de professionnel* ».

Le professionnel et la qualification

La reconnaissance par les pairs, par le milieu ou par les institutions autorisés accorde une qualité de *professionnel* mais n'accorde pas le *statut juridique* de *travailleur professionnel* avec tous les avantages afférents.

Cette reconnaissance d'une « qualité professionnelle » peut être attribuée indistinctement au *travailleur*, au *contributeur* ou à l'*amateur.* On devrait donc plutôt parler de « travailleur qualifié », de « contributeur qualifié » ou d'« amateur qualifié ». Être « qualifié », selon le dictionnaire CNRTL, c'est en effet avoir « les capacités requises, la compétence pour ou la qualification pour », c'est être « apte à, doué pour ». La notion de qualification commence avec l'aptitude et va jusqu'à la diplomation.

Illustrons ces trois figures avec l'exemple d'un ébéniste.

> L'ébéniste « travailleur qualifié » fabrique des meubles, les vend dans sa boutique, en tire un revenu supérieur au SMIC et cotise à la retraite.
> L'ébéniste « contributeur qualifié » fabrique des meubles avec dextérité, les vend, mais ne touche pas un revenu qui lui permette de toucher un SMIC, ou bien encore il fabrique des meubles et ne les vend pas. Il les utilise pour meubler sa maison ou il les offre autour de lui.
> Enfin, l'ébéniste « amateur qualifié » a toutes les compétences des deux autres professionnels, il a peut-être même un diplôme d'ébénisterie, mais il pratique l'ébénisterie pour se détendre, par exemple pour fabriquer des meubles miniatures qu'il collectionne dans son garage, pour son propre plaisir.
> Mais on peut aussi imaginer qu'un travailleur arrive à vendre des meubles qu'il fabrique et qui sont bourrés de défauts. Et un contributeur peut bricoler tant bien que mal une table pour éviter d'en acheter une ou pour dépanner quelqu'un qui ne peut pas se l'offrir. Ils n'en sont pas moins « travailleurs » ou « contributeurs ».

Tous les travailleurs et tous les contributeurs ne sont en effet pas toujours qualifiés… Nous avons tous eu affaire à des mauvais plombiers, des mauvais dentistes, des mauvais avocats, des mauvais professeurs. Ils n'en étaient pas moins des professionnels.

En conséquence, la *qualification* n'est pas un critère suffisant pour distinguer le *travailleur* du *contributeur* si ce n'est qu'on tolère plus facilement l'absence de qualification chez le contributeur qu'on ne paie pas que chez le travailleur qu'on paie. On s'en accommode.

D'ailleurs, lorsque nous sommes priés d'effectuer du travail de consommation ou du *digital labor*, et parfois quand nous intervenons à titre bénévole, nous ne sommes pas qualifiés.

> Quand je me rends à la coopérative alimentaire dont je suis membre, les bénévoles qui tiennent la caisse ne sont pas toujours très performants, moi la première. Nous n'en tenons pas moins la caisse. Et c'est tout ce qui compte. Personne ne s'en plaint jamais. Nous avons intégré le temps d'attente aux caisses dans notre temps de courses et nous transformons ce moment en un moment de convivialité.

Il existe d'ailleurs des personnes qui, avec ou sans le niveau de qualifications requises, se consacrent intégralement à l'activité contributive.

> Par exemple, le parent d'un enfant handicapé n'a pas forcément les compétences d'un éducateur, mais il dédie sa vie à prendre soin de son enfant.

Et c'est sans doute là, dans cette question du *temps dédié*, que se joue *vraiment* la redéfinition du « professionnel », si tant est que l'on tienne absolument à garder cette notion.

Profession et activité princeps

La profession, c'est « l'activité habituelle d'une personne qui constitue généralement la source de ses moyens d'existence[1] ». Dans les sociétés modernes marchandes, cette activité est exercée pendant le temps social de référence. Comme nous l'avons vu, le « temps social » désigne la manière dont une société rythme l'usage du temps de manière collective.

1. Voir la définition de « profession » sur *cnrtl.fr*.

Et parmi les temps sociaux, l'un d'entre eux prédomine. C'est le « temps social de référence ». Pour nous, c'est le travail. Il est le temps de référence de la vie (la vie active), de l'année (jours ouvrés) et de la journée (journée de travail).

Dominique Méda enrichit la notion de temps social de référence au travers de la notion d'« activité princeps » (Méda, 2008) :

> « [L'activité princeps] impose une structure temporelle de la vie ; [elle] crée des contacts sociaux en dehors de la famille ; [elle] donne des buts dépassant les visées propres ; [elle] définit l'identité sociale et [elle] force à l'action [...]. [Elle] définit l'identité individuelle et collective au plus haut point. »

Le travail est donc notre *activité princeps* et la « profession » est l'activité que nous effectuons en tant qu'activité princeps. Mais que se passe-t-il quand le temps et la fonction sociale normalement dédiés au travail sont dédiés à l'activité contributive ? Que se passe-t-il pour les aidants, les artistes, les chercheurs, les agriculteurs, les maires et autres acteurs de la vie citoyenne impliqués, les porteurs de projets dédiés à la transition, à l'environnement, à la solidarité ou à l'inclusion ? Ne devrait-on pas les qualifier eux aussi de « professionnels » puisqu'ils exercent leur activité pendant le temps social de référence ?

Il y aurait ainsi des *travailleurs professionnels* et des *contributeurs professionnels*. Pour l'instant, la majorité des contributeurs ne sont pas professionnels. Ils exercent l'activité contributive en dehors du temps social de référence et ils ne définissent pas leur identité sociale et personnelle par leur activité contributive. Ne pas être un *contributeur professionnel* ne fait pas pour autant d'eux des *amateurs*. L'amateur est celui qui exerce une activité pour son plaisir ou son épanouissement, pas dans l'objectif de produire un bien ou un service nécessaire.

Point sur les catégories

Il est ainsi possible de lister les catégories suivantes : le *professionnel-travailleur* (travail), le *professionnel-contributeur* (activité contributive exercée en tant qu'*activité princeps*), le *contributeur* (activité contributive exercée sur des temps sociaux secondaires) et l'*amateur* (loisir). Quelle que soit la catégorie, la personne peut être *qualifiée* ou *non qualifiée*. Les tableaux suivants peuvent aider à bien positionner les différentes catégories.

Désignation	**Exerce en activité princeps**	**Exerce comme une activité secondaire**	**A les avantages du travail**
Professionnel-travailleur	Oui	Non, même à temps partiel, le travail reste l'activité princeps	Oui
Professionnel-contributeur	Oui	Non, même quand le contributeur est obligé d'effectuer un travail alimentaire *en plus*, son activité contributive *réellement exercée* reste l'activité princeps (*cf.* certains agriculteurs)	Non
Contributeur	Non	Oui Soit « contributeur du quotidien » dans la sphère familiale Soit « contributeur engagé » dans une structure ou une cause ou un projet	Non
Amateur	Non	Oui	Non

Désignation	**Est qualifié**	**Exerce en vue de produire un bien ou un service**	**Exerce en vue d'être payé**	**Exerce en vue de s'individuer ou pour son plaisir (soin de soi)**
Travailleur	Oui ou non	Secondairement, exerce prioritairement en vue de produire de la valeur	Prioritairement	Secondairement
Contributeur	Oui ou non	Oui	Non, la rationalité économique n'est pas la raison principale de l'activité	Oui ou non
Amateur	Oui ou non	Non	Non	Oui

Précisons que le professionnel-contributeur, à l'image du professionnel-travailleur, peut être « pluriactif ». Il peut dédier son temps de contribution à différentes activités : jouer publiquement de la musique, enseigner de la musique, faire du bricolage pour ses voisins, tenir le jardin partagé, animer le compost du quartier, intervenir dans des associations, participer au conseil de quartier, etc.

> Aurélie est une professionnelle-contributrice. Mère d'une enfant trisomique, elle partage son temps entre son activité d'aidante et son rôle très actif de présidente d'une association.

Ces nouvelles catégories amènent à utiliser avec davantage de prudence et de rigueur le terme d'*amateur* afin d'éviter la confusion avec le *contributeur*. Cette confusion se fait en effet toujours au détriment du contributeur. Ainsi, par exemple, je ne suis pas d'accord avec la vision de Bernard Stiegler qui défendait pourtant la « société de contribution » :

> « La figure du contributeur, dont l'amateur est dans le monde de l'art et de la culture une occurrence spécifique, [...] est porteuse de ce qu'André Gorz appelait des métamorphoses du travail[1]. »

Il est en effet primordial de ne pas réduire la figure du contributeur aux « métamorphoses du travail », métamorphoses actuelles de notre société globalisée, médianumérique, de plus en plus automatisée, une société où prend place un phénomène de transfert des grandes fonctions institutionnelles sur l'individu. Le contributeur – et notamment la contributrice reléguée aux tâches productrices du foyer – a existé avant les métamorphoses du travail. Il est consubstantiel au « travail ».

Les « métamorphoses du travail » que nous connaissons actuellement ne font donc que révéler la figure du contributeur, elles agissent comme une loupe sur une réalité auparavant camouflée par nos tabous. On ne peut plus continuer à tourner nos yeux de l'autre côté et à faire comme si l'activité contributive n'existait pas. Elle prend désormais trop de place.

---

1. Bernard Stiegler, « Industrie relationnelle et économie de la contribution », *pca-stream.com*, 2012. Le passage renvoie vers la référence suivante : André Gorz, *Métamorphoses du travail. Critique de la raison économique*, Paris, Gallimard, 2004.

De nouvelles catégories en phase avec notre époque

Ainsi, cette nouvelle catégorisation que je propose, *au travers des catégories du professionnel-travailleur, du professionnel-contributeur, du contributeur (non professionnel) et de l'amateur (non professionnel)*, casse toutes les dyades précédentes qui étaient bâties sur la dissociation entre le *travail* et le *non-travail*, la *valeur* et la *non-valeur*. Elle bouscule nos anciennes habitudes sociales, intellectuelles et morales. Elle affirme que l'activité n'est pas productive parce qu'elle crée de la valeur monétaire et que le professionnel n'est pas exclusivement un travailleur. L'économiste Thorstein Veblen dirait que cette nouvelle catégorisation remet en cause nos « institutions » car il voyait dans les institutions la consolidation des habitudes. Mais chaque époque n'a-t-elle pas ses propres institutions ?

Or il se trame quelque chose dans notre époque qui ne peut plus se satisfaire des habitudes en place, du modèle institutionnel et économique issu des révolutions politiques, sociales, industrielles et philosophiques des Temps modernes. Tout d'abord notre évolution technique produit deux phénomènes : l'automatisation et la médianumérisation.

L'automatisation et la médianumérisation

L'*automatisation* désigne le remplacement, par la technique, de tâches qui étaient réalisées auparavant par des humains ou par la nature. L'« intelligence artificielle », si mal nommée, n'est qu'une forme d'automatisation parmi d'autres.

La *médianumérisation* décrit quant à elle la création d'un « environnement » où nous agissons et interagissons au travers des médias et grâce aux techniques numériques. Internet, les réseaux sociaux et le continuum créés par les écrans ne constituent pas des *media* au sens habituel du terme. Le *medium*, c'est en effet généralement « ce qui est entre les individus » :

le journal, la radio ou la télévision relient un émetteur et son public. Ils sont « entre ». Mais *medium* peut également renvoyer à la notion de « milieu », un « milieu de vie ». Les médias interactifs auxquels nous sommes connectés en permanence sont devenus une extension de notre milieu de vie. Nous « habitons » les médias désormais autant que nous habitons l'espace géographique[1].

Or ces deux phénomènes de l'automatisation et de la médianumérisation bousculent le rôle et la place du travail dans la chaîne de création et de répartition de la valeur monétaire. Beaucoup d'activités réalisées par les travailleurs sont désormais opérées par des machines physiques ou algorithmiques. Beaucoup d'autres, nous l'avons vu, sont transférées à l'usager et au consommateur. Il s'ensuit une baisse de ce que le philosophe Günther Anders appelait le *workers quotient* ou WQ en anglais et QT, quotient de travailleurs en français.

La population superflue

Le quotient de travailleurs correspond au « pourcentage de travailleurs dont le travail est indispensable pour faire vivre cent hommes », une proportion qui peut également être déterminée en HQ, en *hours quotient* (quotient d'heures, QH).

Il faudrait sans doute revoir cette définition, car elle repose sur l'idée que la production sert à faire vivre les hommes. Or ce n'est pas le cas. Dans notre société capitaliste, la production sert à générer de la valeur, indépendamment de la survie de l'Homme. Il faudrait dire que le QT est le pourcentage de travailleurs dont le travail est indispensable pour permettre la croissance de la valeur.

1. L'espace habité par l'homme correspond à ce qu'on appelle en géographie l'écoumène. Le médianumérique est notre nouvel écoumène.

> L'amélioration de la productivité ne concerne pas la production des biens mais la production du profit. Elle n'a rien à voir avec le fait de « faire vivre cent hommes ». Le système marchand ne s'intéresse pas à faire vivre cent hommes. Il s'intéresse à générer du profit, quitte à plonger cent hommes dans un chômage qui les condamne.
> La question du QT est donc plutôt : « quel est le quotient minimum d'hommes pour générer un maximum de profit ? »
> Et cette baisse du QT n'a évidemment pas pour objectif de libérer l'homme de l'oppression d'un travail pénible ou délétère.

La baisse du QT et du QH crée une « population superflue[1] » par rapport aux besoins de la production, qu'il s'agisse de faire vivre cent hommes ou de faire croître la valeur monétaire. Cette population superflue va encore augmenter avec l'essor de la pseudo-intelligence artificielle.

Que va-t-on faire de cette population superflue ? Va-t-on la transformer en domestiques pour les plus riches comme au XIXe siècle (Beal, 2019) ? Va-t-on en faire des addicts au divertissement dans un monde médianumérique « fantôme et matrice » ?

Cette expression, « un monde fantôme et matrice », a été forgée par Günther Anders pour décrire la société de média qu'il voyait en train de se constituer (Anders, 2002). Pour lui, ce monde médiatique qui émergeait était « fantôme » puisqu'il était un monde d'images, mais c'était aussi un monde qui transformait les hommes en fantômes puisqu'il ne fallait plus sortir pour le rencontrer, pour le vivre activement avec son corps physique. Il suffisait de l'absorber passivement par l'esprit, de prendre place dans sa « matrice ».

---

1. L'expression vient de Marx qui signalait « cette partie de la classe ouvrière que la machine convertit […] en population superflue » (Marx, 1985 : 308, Livre I, Quatrième section, chap. XV).

C'est d'ailleurs pour gérer cette population superflue et addict que le revenu universel est envisagé par les économistes libéraux orthodoxes. Pas pour libérer le potentiel contributif des individus. On peut vraiment douter qu'un revenu contributif universel et inconditionnel incite à participer à l'effort collectif au travers de l'activité contributive ni qu'il suffise à soutenir toute l'activité contributive dont nous avons besoin, dont nous avons de plus en plus besoin.

Nous en avons de plus en plus besoin pour absorber le transfert des grandes fonctions économiques et sociales qui étaient régulées par les institutions publiques et par les entreprises, transfert que nous avons déjà mentionné.

Nous en avons de plus en plus besoin pour faire face à la transition qui ne sera pas une source de « croissance verte », quoi que prônent les incantations qui se voudraient autoréalisatrices.

Transition et activité contributive

La transition n'a pas de modèle économique lucratif.

Elle n'a pas de modèle économique lucratif parce qu'elle repose en partie sur les individus, leurs modes de vie, leurs habitats, leurs déplacements. D'ailleurs, les individus ne pourront pas assumer tous ces efforts qu'on attend d'eux sans aide.

Elle n'a pas de modèle économique lucratif parce qu'elle doit avoir lieu « quoi qu'il en coûte ». Et ce « quoi qu'il en coûte » coûte cher. Il nous coûtera même beaucoup plus cher s'il est versé en subventions aux entreprises dont l'objectif est de faire du profit que s'il est versé directement à des contributeurs ou à des structures qui n'ont pas en ligne de mire du profit à reverser à des actionnaires.

En matière de performance sociale et environnementale, l'obligation de performance économique n'est certainement pas un facteur de réussite.

Prenons l'exemple des maisons de retraite.
Dans une maison de retraite portée par le secteur lucratif, il y a 0,55 agent d'encadrement par pensionnaire. Dans une maison de retraite portée par une association qui a une obligation de solvabilité (lucrativité limitée), il y a 0,8 agent par pensionnaire.
La maison de retraite portée par l'association a une meilleure performance sociale que celle portée par le secteur lucratif.
Toutefois, on estime qu'il faudrait un agent par pensionnaire pour prendre soin correctement des personnes prises en charge.
Ni le secteur lucratif ni le secteur de lucrativité limitée ne parviennent à ce taux.
La configuration sanitaire et sociale requise, celle qui apporte un soin digne aux personnes dépendantes, n'a pas de modèle économique viable. Elle échappe à la notion de lucrativité ou de solvabilité. Elle passe très souvent par les familles, par l'activité contributive. Mais à quel coût humain ?

Ainsi, à côté du secteur lucratif et du secteur de lucrativité limitée qu'on appelle généralement économie sociale et solidaire (ESS) ou tiers secteur, il y a le secteur de l'activité contributive. Et ce secteur n'est pas celui de l'économie quaternaire ni même de l'économie contributive.

4
L'activité contributive n'est pas l'économie contributive

Arrivé ici, un traducteur vers une autre langue comme l'anglais aurait bien du mal à exécuter sa tâche ! L'économie sociale et solidaire (ESS), le tiers secteur, l'économie quaternaire et l'économie contributive constituent une topographie très française de la réflexion socioéconomique et de la politique.

Au premier Sommet de la mesure d'impact, qui s'est tenu à l'Assemblée nationale le 13 février 2023, Marlène Schiappa, alors secrétaire d'État chargée de l'Économie sociale et solidaire et de la Vie associative, relatait une anecdote dans son discours introductif. Elle s'était rendue récemment dans une grande université américaine, Columbia, où elle avait tenté d'expliquer la notion d'ESS à des étudiants ébahis. Cette jeune élite américaine n'arrivait pas à croire qu'on puisse développer, au sein d'une économie capitaliste, un secteur tout à la fois « productif » et « non lucratif ». Heureusement qu'elle n'a pas tenté de leur exposer l'ensemble des autres concepts ! Elles les auraient totalement perdus.

Je pense d'ailleurs qu'elle-même n'aurait pas su par où commencer, car il n'existe pas de lexique auquel se rapporter pour affirmer de manière avérée les différences et singularités de chaque domaine. Chaque acteur et chaque chercheur développe son approche personnelle.

Je n'ai pas l'intention de proposer ici une étude académique du champ. Je souhaite juste un peu clarifier cette nébuleuse dans un objectif unique : montrer pourquoi, quand je parle d'activité contributive, je ne parle pas du reste. Pourquoi il ne faut pas confondre l'activité contributive avec ce que l'on connaît déjà ou plutôt avec ce que l'on croit connaître.

L'activité contributive n'est ni l'économie contributive, ni l'économie de la contribution, ni le tiers secteur, ni l'ESS, ni l'économie quaternaire. L'activité contributive entretient des liens avec chacune de ces approches théoriques ou pratiques, tout comme elle entretient un lien avec le travail et le secteur lucratif. Mais elle n'est ni une de leur composante ni un synonyme.

Pour l'expliquer, commençons par clarifier la notion d'économie sociale.

L'économie sociale et son histoire

L'économie sociale apparaît au XIXe siècle. C'est un mouvement qui cherche à réconcilier l'économie avec « la morale, [...] la justice et [...] l'intérêt » (Azam, 2003). Pourquoi parler de réconciliation ? Pour le comprendre, il est intéressant de revenir au « coup de force » effectué par les sciences économiques au moment de leur constitution.

Comme nous l'avons déjà vu, ce coup de force fondateur des sciences économiques éjecte toute une partie de l'activité productive humaine en dehors de la valeur. Il réduit la valeur à la monétisation, au prix qu'un acquéreur est prêt à mettre. Et pour cause, c'est la seule chose qui paraît observable et comparable de manière neutre et rationnelle par une science. Or l'économie veut être une science et se séparer de la philosophie, notamment de la philosophie morale.

Dominique Méda, à qui j'emprunte la notion de « coup de force », cite elle-même Jean-Joseph Goux pour l'expliquer (Méda, 1999 : 26) :

> « C'est l'émancipation d'avec toute la philosophie morale qui est en jeu. Avec une notion radicale de l'utilité, l'économie rompt le lien obscur et fâcheux qu'elle pourrait avoir avec la réflexion morale, elle opère un divorce qui est en même temps son acte de naissance. Si l'économie ne veut plus, à un moment donné, relever de la philosophie, mais se donner pour une science autonome et spécifique, c'est par la redéfinition de l'utilité qu'elle l'accomplit. [...]
> J.-B. Say conçoit très bien qu'avec cette notion radicale de l'utilité [...], il donne congé à tout jugement moral, et il s'en félicite. Car ce congé exonère l'économie politique de la responsabilité du jugement éthique, et il trace, par là, une ligne de démarcation nette entre cette discipline encore nouvelle [...] et la science de l'homme moral et de l'homme en société. » (Goux, 1995)

L'économie sociale du XIXe siècle veut en finir avec ce « divorce » que les fondateurs de l'économie ont mis en mots mais que la société et la politique ont mis en œuvre. Bien sûr, ce n'est pas au nom de quelques penseurs, aussi grands furent-ils, que le marché capitaliste s'est construit sans morale, sans prendre en compte les effets environnementaux et sociaux délétères, sans tenir compte de l'utilité commune et générale. Les penseurs ont juste conçu et énoncé le cadre théorique qui accompagnait l'air de leur temps. Ils ont incarné cet air du temps. Ils en ont été des agents parmi d'autres.

Ainsi, aux alentours des années 1820-1830, quand le processus d'industrialisation ne réalise pas les promesses libérales mais entraîne une montée de la paupérisation, une réflexion émerge sur l'économie sociale. « On trouve dans ce courant essentiellement des hygiénistes, des philanthropes et également des saint-simoniens, presque tous membres de l'Académie des sciences morales et politiques créée en 1832 » (Azam, 2003).

Ce moment est une première phase de réflexion. Ce n'est que dans le dernier quart du XIXe siècle que l'économie sociale passe à l'acte : elle se donne alors « pour projet de *résoudre la question sociale* en *réconciliant* la justice et l'intérêt, la justice et la liberté, c'est-à-dire en recherchant une troisième voie entre socialisme et libéralisme, entre individualisme et collectivisme » (Azam, 2003). Des pratiques apparaissent alors, inspirées par le coopératisme et le solidarisme, pour constituer des mutuelles, des associations et des coopératives.

Avec l'avènement du keynésianisme, c'est-à-dire de la doctrine qui prône l'intervention de l'État pour réguler les disparités sociales, l'économie sociale cesse son essor. L'État prend le relais. Ce n'est qu'après les Trente Glorieuses qu'elle refait surface. On parle alors en anglais de *non-profit sector* et en français de *tiers secteur*. Ce tiers secteur non lucratif a pour mission de « pallier les défaillances de l'État et du marché » (Azam, 2003).

C'est à ce moment-là qu'en France, au Parti socialiste, Michel Rocard, nommé secrétaire national, « réunit des dirigeants de la mutualité et de la coopération [...] pour élaborer une politique publique de l'économie sociale » (Duverger, 2019). C'est ce que l'on nommera la « deuxième gauche », celle qui fait des propositions qui divergent de l'idéologie du programme commun et des nationalisations.

Quand les socialistes arrivent au gouvernement, Michel Rocard institutionnalise l'économie sociale et solidaire, en 1983, au travers de la loi relative au développement de certaines activités d'économie sociale. C'est à ce moment-là que l'adjectif « solidaire » vient compléter l'expression « économie sociale ».

Économie sociale, tiers secteur/*non-profit sector* ou ESS, on le voit, correspondent donc à des phases différentes, pratiques et théoriques, d'un secteur économique qui n'est pas mû prioritairement par la recherche du profit, mais qui reste néanmoins tenu à la solvabilité.

L'économie sociale et solidaire

Aujourd'hui, en France, l'ESS est un *secteur officiel* de l'économie *reconnue* comme productive, c'est-à-dire de l'économie monétisée et prise en compte dans la comptabilité nationale. Elle dispose d'ailleurs d'une définition légale qui liste des critères qualifiants et requis[1]. Ces critères concernent trois dimensions : l'objet de l'entreprise, son mode de gouvernance et sa conformité à certains principes de gestion.

> Au niveau de son objet, l'entreprise doit poursuivre une utilité sociale ou environnementale. Soit elle s'adresse à un public fragilisé, soit elle intervient dans un des domaines suivants : préservation et développement du lien social, renforcement de la cohésion et de la solidarité territoriales, éducation à la citoyenneté. Il serait sans doute possible, en argumentant plus ou moins, de faire coller l'ESS à l'ensemble des domaines contributifs[2].

---

1. *Cf.* loi n° 2014-856 du 31 juillet 2014 modifiée, disponible sur : <https://www.legifrance.gouv.fr/loda/id/JORFTEXT000029313296>.
2. Dans mon travail relatif à la responsabilité sociale et environnementale des entreprises, notamment dans le référentiel « Bilan contributif des entreprises », j'ai défini huit domaines contributifs : Développement immatériel, Développement sociétal, Environnement & Sobriété, Développement économique durable, Santé & Bien-être, Inclusion, Humanitaire, Organisation durable. Ces domaines se décomposent en vingt-cinq sous-catégories.

> La gouvernance d'une structure de l'ESS doit être « démocratique », c'est-à-dire qu'il doit y avoir une information et une participation de l'ensemble des parties prenantes aux réalisations de l'entreprise. Cette approche démocratique peut être large ou restreinte.
> Enfin, en termes de gestion, les bénéfices opérés doivent être majoritairement consacrés au maintien ou au développement de l'entreprise. Cela signifie qu'ils doivent être réinvestis dans l'entreprise plutôt que distribués à ses actionnaires. Notamment, il doit exister des réserves, appelées « fonds de développement » qui, elles, ne peuvent pas être distribuées. On peut parler d'une « répartition limitée des bénéfices », comme le fait la juriste Laetitia Driguez (Driguez, 2019).

Dans l'ESS, on trouve des structures comme les coopératives, les mutuelles, les associations employeuses ou les fondations. On trouve aussi des entreprises « normales » comme des SARL ou des SAS. La forme juridique de l'entreprise n'entre pas en compte tant que la vie et les statuts de l'entreprise respectent les critères légaux d'une structure de l'ESS.

L'ESS appartient au marché. Elle monétise ses interventions, soit directement auprès des bénéficiaires, soit indirectement grâce à des subventions et dotations privées. Elle a des salariés. Elle s'appuie prioritairement sur le travail pour exercer sa production.

Ce qui est mesuré quand on s'intéresse au secteur de l'ESS, c'est la valeur de cette monétisation et du travail qu'elle incorpore. Ces mesures remontent dans le PIB, l'indicateur officiel de la richesse nationale produite. D'ailleurs, le droit européen classe nos entreprises françaises de l'ESS dans le secteur lucratif. Ce qui n'est pas sans poser de graves problèmes à nos entreprises de l'ESS qui se voient soumises aux mêmes règles de concurrence.

L'histoire du Crédit immobilier de France (CIF) en est un exemple tragique.

> En 1908, à la grande époque des mouvements mutualistes et coopératifs, est créé le CIF en vue de permettre l'accession à la propriété aux ménages modestes[1]. Son activité est à but non lucratif. Il s'agit d'une entreprise de l'économie solidaire. Le CIF mène cette activité nécessaire – prêter à ceux à qui on ne prête pas – jusqu'en 2012. Cent quatre ans.
> Que se passe-t-il en 2012 ? L'agence de notation Moody's dégrade la note du CIF à partir de critères qui évaluent les entreprises à but lucratif et qui ne sont pas pertinents pour les entreprises de l'ESS. La performance mesurée par la notation Moody's est une performance économique pour les actionnaires, pas une performance sociale ! Conséquence ? Le CIF ne peut plus se refinancer sur les marchés : il ne peut plus emprunter pour prêter. Or le CIF ne collecte pas son argent auprès d'épargnants comme d'autres établissements de crédit, il se finance exclusivement en empruntant sur les marchés. La dégradation de trois crans (!) de sa note par Moody's est donc l'équivalent d'une condamnation à mort.
> L'État français souhaite intervenir pour éviter la banqueroute et garantir les emprunts du CIF. Cette situation de garantie par l'État est considérée comme de la concurrence déloyale par la Commission européenne. Celle-ci donne quand même son accord pour éviter la faillite mais, en échange, oblige le CIF à organiser la cessation progressive de ses activités.
> Fini, terminé. Il n'y aura plus d'établissement pour permettre aux « modestes » d'accéder à la propriété. Et ce en pleine crise du logement social et de l'immobilier en général. Une tragédie sociale. Une tragédie due à deux erreurs du même

1. L'expression exacte est celle des « classes laborieuses méritantes », une expression très révélatrice de la vision du mérite exclusivement reliée au travail et qui renvoie à la problématique de la propriété sociale exclusivement réservée aux travailleurs.

ordre : on a noté et on a jugé le CIF, qui est une structure à but social, comme une entreprise à but lucratif.

Le CIF, même au service de l'accès à la propriété des classes populaires, n'était pas une œuvre de charité. Il s'agissait d'une structure qui fonctionnait sur un équilibre financier autonome, issu de la monétisation de ses services. Certes, le CIF, comme toutes les structures de l'ESS, n'avait pas un *objectif lucratif*: il ne cherchait pas à produire de la valeur monétaire supérieure à son seuil de rentabilité en vue de verser des dividendes. Néanmoins, comme toutes les structures de l'ESS, il avait pour obligation d'atteindre son seuil de rentabilité, d'être *solvable*.

L'ESS n'est pas l'activité contributive

En effet, les structures de l'ESS doivent avoir ce qu'on appelle un « modèle économique », un « business model ». Le cas échéant, elles mettent la clé sous la porte. Elles cessent d'exister.

> Séverine et son mari Jim ont quitté leurs emplois pour se consacrer à un projet qui « faisait sens » à leurs yeux. Ils ont ouvert un restaurant inclusif.
> Un restaurant inclusif, c'est un restaurant qui autorise les SDF à utiliser ses toilettes et qui organise parfois des repas pour les démunis. Leur lieu était aussi pensé comme un tiers lieu qui ouvrait ses portes aux réunions et soirées des associations.
> Et puis, bien évidemment, la nourriture se voulait saine, réalisée avec des produits de qualité et de proximité, pas seulement pour les clients qui payaient, mais aussi pour les clients qui ne payaient pas.
> Ils ont tenu trois ans, sans se verser de salaire. Et puis ils ont mis la clé sous la porte.

> En réalité, leur projet n'était pas un projet de l'ESS. Il n'était pas solvable mais il était utile. Il a contribué au bien-être d'individus, à la cohésion territoriale et au vivre-ensemble. C'était de l'activité contributive.

L'obligation à la solvabilité doit être considérée comme une forme de lucrativité : une « lucrativité limitée » (Driguez, 2019). L'activité contributive, quant à elle, n'est pas du tout lucrative, pas même de manière limitée. Elle n'a pas de modèle économique solvable. Elle n'atteint pas le seuil de rentabilité, même quand elle dispose de quelques subsides. Elle est prise en charge par les particuliers, parfois sans inconvénient sur leur équilibre personnel et matériel, parfois à leurs dépens. De surcroît, au contraire de l'ESS, l'activité contributive peut être exercée en dehors de tout support juridique, de manière totalement informelle.

Soulignons toutefois que l'activité contributive inclut une partie de la vie associative, celle qui échappe à la lucrativité limitée et qui repose exclusivement ou principalement sur le bénévolat. En effet, il faut distinguer, dans le monde associatif, les associations qui fonctionnent comme des entreprises et celles qui reposent sur l'activité contributive. Les premières concentrent les ressources monétaires, les subventions et les donations. Elles ont des salariés et font parfois même des chiffres d'affaires conséquents. Le groupe SOS, « groupe associatif leader de l'entrepreneuriat social en Europe[1] », qui est le fleuron de l'ESS française, a réalisé 1,26 milliard d'euros de chiffre d'affaires en 2021.

Mais seulement 12 % des associations ont des salariés en 2021 (Bazin et al., octobre 2022). Les autres 88 % reposent

1. L'expression provient du site *groupe-sos.org* et de sa présentation en ligne.

sur le bénévolat. Elles ne font pas partie de l'ESS. Elles relèvent bien plutôt de l'activité contributive. D'ailleurs, pour revenir à Marlène Schiappa, le titre de son secrétariat d'État fait bien la différence entre *l'ESS*, secteur de lucrativité limitée qui inclut les 12 % d'associations solvables ou rentables, et *la vie associative*, secteur non lucratif qui ne fonctionne que grâce à l'activité contributive offerte par les bénévoles.

Un autre regard sur la lucrativité

Il faudrait ainsi faire la différence entre

- le *lucratif*, qui désigne l'objectif de réaliser des profits en vue de verser des dividendes ;
- le *lucratif limité*, qui correspond à l'obligation d'atteindre au moins le seuil de rentabilité et qui est « susceptible de réaliser des bénéfices » qui sont réinjectés dans la structure (Driguez, 2019) ;
- le *non lucratif*, qui n'est pas en mesure d'être solvable.

Le lucratif correspond aux entreprises traditionnelles, le lucratif limité à l'ESS et le non lucratif à l'activité contributive. Le lucratif et le lucratif limité forment ensemble ce qu'on appelle « le Marché ». Le lucratif peut être considéré comme le « Marché au sens strict » et le lucratif limité comme le « Marché au sens large ». Cette nomenclature est une simplification qui s'accommode des récits courants et les fait un peu évoluer. Car, en réalité, combien de filières font semblant d'être « lucratives » alors qu'elles s'appuient sur les subventions et sur l'activité contributive ?

Dans la seconde partie, nous examinerons, avec des chiffres, l'apport de l'activité contributive à l'édition, au numérique, au sport ou à la santé. La « lucrativité » de ces filières est une mascarade. Elles absorbent au profit des entreprises, de leurs actionnaires et de leurs salariés, non seulement l'apport gratuit des contributeurs mais aussi l'argent public.

La crise de 2008 et la crise du covid ont montré comment les finances publiques viennent au secours des structures privées dont la faillite nous ruinerait tous. Et certaines filières, comme l'alimentaire, ne vivraient pas sans les subventions : l'agriculture n'est pas solvable.

> Une étude de l'INRAE a pointé que sur la décennie 2010-2019, 77 % du résultat courant avant impôt des exploitations agricoles françaises venait des subventions. On parle ici d'une moyenne. Pour les élevages bovins, le soutien budgétaire monte à 195 % et dans les exploitations viticoles, il descend à 7 %. Pour les cultures, le chiffre est de 100 % (Chatellier et al., 2021).
> Pas d'agriculture sans subvention.
> Et même dans ces conditions, une partie des foyers agricoles vivent dans la précarité, et souvent les épouses et les familles effectuent du travail gratuit qui ne leur confère aucun droit social.
> Pas d'agriculture sans activité contributive.

Cette mise à plat sans fard du lucratif est primordiale mais elle dépasse le cadre de cet ouvrage. Elle renvoie à une réalité du fonctionnement économique que l'on connaît intellectuellement depuis au moins le XIXe siècle mais qui ne trouve pas de débouché dans le réel : la production est *organique*, elle est produite globalement par l'ensemble du corps social, mais le profit monétaire qu'elle génère ne revient pas à l'ensemble de la société[1].

1. Ici, les conclusions sont trop vite et mal tirées. Ce n'est pas une simple question de « distribution des profits » comme le pointait déjà Marx dans les *Grundrisse* en 1857. Il n'y a pas des moments successifs : production, distribution, consommation. Il y a un tout

Le lucratif « pur », autonome, n'existe pas. Il est toujours le résultat d'une production collective plus globale. Il s'appuie sur le patrimoine immatériel, sur les subventions ainsi que sur les services rendus gratuitement par les écosystèmes humains et naturels.

Le « périmètre concurrentiel » est une fiction. Combien de siècles encore allons-nous accepter de nous sacrifier et de sacrifier la planète pour cette fiction ou plutôt ce mythe ?

Sans doute longtemps. Les mythes ont la vie longue et le *sacrifice* semble être un leitmotiv humain, autrement dit, une fonction sociale structurante au travers des cultures et des temps. Nous reviendrons sur cette question en conclusion.

C'est d'ailleurs ce sacrifice, travesti sous les termes d'« engagement », de « don », de « responsabilité », de « devoir » ou d'« amour », qui est offert, de leur plein gré, par les contributeurs. Enfin de moins en moins, puisque partout les revendications montent.

Sans aller jusqu'à l'absolu de la révision (impossible) du système pseudo-lucratif et pseudo-concurrentiel, ou jusqu'au rêve (impossible) d'une humanité sans sacrifice, nous pouvons cependant commencer par *reconnaître*, tout simplement *reconnaître*, l'existence et l'apport de l'activité contributive à l'ensemble de l'économie.

---

absolument solidaire qui traduit des rapports sociaux tout en les conditionnant. « Le résultat auquel nous arrivons n'est pas que la production, la distribution, l'échange, la consommation sont identiques, mais qu'ils sont tous membres d'une totalité, différences au sein d'une unité. [...] Il y a une action réciproque entre les différents moments. C'est le cas pour n'importe quelle *totalité organique.* » (Marx, 2022) On peut, sur ces questions, tout aussi bien citer Veblen ou Dewey. Marx n'a pas le monopole de la compréhension d'une création organique de la richesse.

L'activité contributive est une ressource gratuite qui irrigue *toute* l'économie, qu'elle soit sociale, non sociale, voire antisociale. L'activité contributive serait donc en fait *la troisième force de l'économie*, à côté de l'État et du Marché (au sens strict ou au sens large). Une force fondamentale qui prend le relais quand les deux autres flanchent. Une force véritablement non lucrative, car sans objectif ni possibilité de solvabilité[1].

Est-ce le cas de ce qu'on appelle « économie contributive » ou « économie de la contribution » ?

L'économie contributive

Un concept-archipel

L'économie contributive est un concept-archipel qui trouve des définitions variables selon les auteurs et les cadres de référence. À la différence de l'économie sociale, ces variations ne correspondent pas à des « phases » de l'histoire du concept, mais plutôt à des concepts concurrents.

Dans l'esprit commun, et à l'international au-delà du cercle intellectuel français, l'économie contributive est une nébuleuse qui englobe le mouvement des communs, l'*open data*, l'économie collaborative, l'économie de plateformes, l'économie sociale et solidaire, les circuits courts, les monnaies alternatives et le financement participatif. Elle est la « nouvelle économie » en quelque sorte : celle du numérique et celle de

1. Réinjecter l'économique dans le social, en finir avec leur séparation implique de ne pas tout ramener à la solvabilité et à la monétisation. Il faudrait un droit à la non lucrativité sous forme de non solvabilité. La notion de dette s'en trouverait revisitée. Elle ne serait plus l'épouvantail que l'on brandit en menace de faillite. Voir par exemple Monnet (2021) ou Graeber (2013).

l'alternatif. Elle existe, elle émerge et elle se constitue. Elle est un modèle en développement.

Selon les uns ou les autres, le concept d'économie contributive englobe le tout ou une partie seulement de ces différents éléments. En France, le domaine a été marqué par le philosophe Bernard Stiegler et son « économie de la contribution ».

L'économie de la contribution

L'approche générale de la philosophie de Bernard Stiegler est marxiste[1]. Ainsi, sa vision de l'économie de la contribution repose sur trois fondamentaux de la pensée marxiste :

Premier fondamental marxiste : l'organisation de l'économie de la contribution dépend de son *infrastructure matérielle* ;

Deuxième fondamental marxiste : l'économie de la contribution s'inscrit dans la *lutte des classes* ;

1. Ce passage d'une interview de Stiegler illustre mon analyse du positionnement marxiste de la définition de l'économie de la contribution : « Nous sommes donc en train de sortir du modèle Schumpeterien [modèle basé sur la croissance], pour entrer dans un nouveau modèle que nous appelons [...] le **modèle contributif**. [...] Le contributif repose sur des relations de **coopération** entre les acteurs économiques, sans prolétarisation. L'organisation du travail se fonde sur l'augmentation du savoir des travailleurs à travers un nouvel agencement entre la machine et le travailleur. La machine sert à augmenter le travail du travailleur et non pas à lui voler son savoir. Le modèle de base est celui du logiciel libre où la **relation de pair à pair** est centrale. Dans le modèle contributif, les individus travaillent en groupes, ils développent de la sociabilité et de la responsabilité collective. [...] Il repose sur des structures de confiance entre les individus et sur des technologies numériques. C'est le numérique et le web qui rendent possible le contributif. » (Julien Le Net, « Économie de la contribution – Entretien avec Bernard Stiegler », *medium.com*, 22 novembre 2017.)

Troisième fondamental marxiste : l'objectif de l'économie de la contribution est la *socialisation*.

Cette socialisation prend deux formes :

• la socialisation des biens et des moyens de production, c'est-à-dire leur mise en commun ;

• la socialisation de l'Homme, c'est-à-dire une réalisation personnelle [individuation] qui passe par l'engagement dans le collectif.

Expliquons comment s'expriment, pour Stiegler, ces trois fondamentaux marxistes dans l'économie de la contribution.

L'économie de la contribution émergerait grâce à l'apparition de l'infrastructure numérique et à internet, lesquels effacent la frontière entre le producteur et le consommateur et permettent d'articuler de nouveaux rapports de pair-à-pair, de coopération et de production. Ce modèle horizontal, dont le prototype est le logiciel libre, se diffuserait au-delà du numérique dans des pratiques autour des communs [matérialisme, premier fondamental marxiste].

Cette coopération et cet effacement de la frontière producteur/consommateur peuvent avoir lieu au bénéfice d'un acteur privé, comme Facebook. Dans ce cas, l'économie contributive est « toxique[1] » et il y a « prolétarisation[1] » des producteurs/consommateurs [lutte des classes, deuxième fondamental marxiste].

Ou bien ces deux phénomènes peuvent avoir lieu au bénéfice des producteurs/consommateurs, comme avec Wikipédia, et dans ce cas l'économie contributive est au service de la socialisation considérée comme propice [socialisation, troisième fondamental marxiste].

1. « Bernard Stiegler : "L'emploi salarié va devenir minoritaire" », *wedemain.fr*, 13 juin 2014.

Pour Stiegler, cette socialisation propice constitue le socle d'une économie de la contribution souhaitable qui émerge comme une économie alternative à l'économie de marché. Il propose d'ailleurs de mettre en place un « revenu contributif » pour rétribuer ses acteurs.

Ainsi, comme on peut le constater, l'économie de la contribution n'est pas l'activité contributive, même si elle s'appuie intégralement sur l'activité contributive. L'économie de la contribution s'appuie intégralement sur l'activité contributive car elle ne passe pas par la monétarisation de la production. C'est un contributeur et non un travailleur qui intervient. Toutefois, l'activité contributive est plus large que l'économie de la contribution. Elle n'est pas réduite aux productions socialisées entre pairs. Elle peut concerner un artiste, un parent, un aidant, un agriculteur ou un chercheur qui agit et produit seul.

Seconde différence, l'activité contributive n'a pas attendu l'émergence de l'infrastructure médianumérique pour exister ! Elle a même précédé l'industrialisation.

Troisième différence, elle n'est pas toujours au service de l'individuation et de l'émancipation. Pensons par exemple aux personnes piégées dans leur rôle d'aidant ou de conjoint qui travaille gratuitement dans l'affaire familiale.

Quatrième différence, elle n'est pas une alternative à l'économie capitaliste.

L'activité contributive est une condition de la société de marché capitaliste depuis ses origines. Elle fait partie de l'économie en place depuis des siècles. Elle en est consubstantielle. Elle en est le parent très pauvre. Celui à qui on donne les miettes et qu'on cache. Celui qu'on exploite et qu'on traite de bon à rien, d'improductif. Les penseurs de l'école de la critique de la valeur, en allemand *Wertkritik*, diraient qu'elle est la *condition de la valeur* dans l'économie capitaliste depuis son origine.

L'activité contributive, la part dissociée de la valeur ?

La « valeur » critiquée par ce courant marxiste hétérodoxe, c'est la valeur au sens de l'argent et du profit. Cette école ne se focalise pas sur la lutte des classes et l'exploitation d'une classe sociale par une autre. Elle dénonce le système qui met tout le monde, toutes classes confondues, au service de la production de la valeur, pour la valeur en soi, comme si nous, nos vies, nos sociétés, le monde, étaient au service exclusif de cette production de valeur. Le capital est ainsi perçu comme un « sujet automate[1] » qui avance dans cette folie insensée de produire toujours plus de valeur au bénéfice de rien ni de personne, si ce n'est de ce mouvement lui-même.

C'est en ce sens également que j'utilise le qualificatif « capitaliste » dans les expressions « économie de marché capitaliste » ou « société de marché capitaliste ». Je parle d'une économie dont le but est de produire de la valeur *pour* la valeur.

Aux yeux de l'école de la critique de la valeur, la valeur ne peut exister qu'en opposition à ce qui est *sans valeur*. Il faut que certaines activités ne soient pas considérées comme productives et ne soient pas monétisées pour que d'autres puissent l'être. C'est comme dire « il n'y a pas de lumière sans obscurité ». C'est le concept de « valeur-dissociation ». La

1. L'expression « sujet automate » vient de Marx (1985, Livre I, Deuxième section, chap. IV, « Transformation de l'argent en capital »). Elle ne se retrouve pas toujours dans les traductions françaises, mais elle apparaît dans le texte original qui mentionne un « *automatisches Subjekt* ».
Je développe ce thème du sujet-automate « capital » dans mon texte précédent, « Le désir d'être humain » (Lipsyc, 2018). Je l'associe au sujet-automate « technique ». Je les oppose au sujet signifiant humain.

valeur existe par *dissociation* entre ce qui est considéré comme productif et ce qui ne l'est pas, notamment le travail de la sphère domestique nommé « travail de reproduction ».

On pourrait représenter le concept de « valeur-dissociation » dans une nouvelle dyade : valeur-dissociation = $\frac{\text{valorisation du travail de production}}{\text{non valorisation du travail de reproduction}}$.

C'est en particulier Roswitha Scholz, féministe de l'école de la *Wertkritik*, qui développe la réflexion sur la valeur-dissociation. Pour elle, la possibilité de l'existence de la valeur et de l'accroissement de la valeur, autrement dit le processus moteur de l'organisation sociale et économique capitaliste, repose *fondamentalement* sur un « autre » qui n'est pas valorisé, cet autre étant la femme et son activité, puis, par extension ou contagion, tout ce qui peut s'y apparenter : les métiers du service à la personne, les métiers de l'éducation, les métiers de la santé, etc.

La dissociation serait ainsi la condition de la valeur : la dissociation entre activités productives et activités non productives, entre ceux qui accèdent à la valeur et ceux qui n'y accèdent pas, les « sans-salaire de tous les pays » (Federici, 2019 : 55, 67), les « *wageless* » ou les « *unwaged* » (James, 2012).

L'activité contributive peut être assimilée à cette activité des « sans-salaire », des « *unwaged* ». Elle est la part « dissociée » de la valeur. Elle n'est pas une « autre économie ». Elle n'est ni alternative ni à venir, même si elle irrigue une grande partie de ce qu'on appelle communément de par le monde « l'économie contributive », ce vaste archipel que j'ai décrit plus tôt. C'est ce que Roger Sue nomme « l'économie quaternaire » (Sue, 1997).

L'économie quaternaire

L'économie quaternaire est à comprendre en tant que grand secteur de production. Elle complète le primaire (l'exploitation des ressources naturelles), le secondaire (les activités industrielles) et le tertiaire (les services et l'immatériel).

L'économie quaternaire s'appuie sur la sphère civile des particuliers. Elle se caractérise, d'une part, par sa forme associative qui privilégie les liens et qui ne cherche pas le profit et, d'autre part, par son objet qui place l'humain, sa construction, au centre. On retrouve là l'idée de la « production de l'individu » de l'économie de la contribution de Stiegler.

Pour Roger Sue, les secteurs de la production (primaire, secondaire, tertiaire, quaternaire) non seulement se complètent mais, de surcroît, se succèdent. Historiquement, l'humanité a dépendu de l'agriculture (primaire) avant de dépendre de l'industrie (secondaire), puis des services, de la connaissance et de l'immatériel (tertiaire). Désormais, nous allons dépendre de l'associativité, de la contribution et des activités de production de l'individu (quaternaire).

On peut également voir le quaternaire comme la réaction à l'automation généralisée puisqu'il s'agit d'un « secteur d'activités non mécanisables, qu'elles soient manuelles (artisanales ou artistiques), relationnelles (animation, soutien, assistance, tutelle, pédagogie) ou intellectuelles (conception, création, recherche) ». Des activités qui « se caractérisent par le fait qu'elles sont personnelles (les travailleurs sont comme des auteurs de produits dans lesquels ils reconnaissent leur marque) et autonomes (ce sont les acteurs qui pour l'essentiel définissent leurs profils d'activités) » (Ferry, 2017).

Selon Sue, à chacun des passages chronologiques d'un modèle dominant à l'autre, il y a eu transfert de financement avant qu'il y ait basculement. L'agriculture a financé l'industrie avant que l'industrie ne devienne solvable et lucrative. L'industrie a financé le service avant qu'il n'atteigne son seuil de rentabilité. Sue émet l'hypothèse que nous sommes à la phase de transfert entre le tertiaire et le quaternaire, nous sommes en « transition ». Mais quand la transition aura été effectuée, c'est le quaternaire qui deviendra la forme principale de richesse pour la société.

L'économie quaternaire est plus vaste que l'activité contributive. Elle inclut aussi l'ESS. C'est pour cela que Roger Sue affirme que la richesse qu'elle produit dépasse déjà celle de l'économie lucrative.

L'activité contributive, quant à elle, représente environ l'équivalent de 68 % de ce qui est considéré comme l'économie productive au travers de l'indicateur du PIB. Mais ce chiffre est fortement sous-évalué, comme nous allons le voir dans la partie suivante où nous montrerons la réalité de l'activité contributive au travers des chiffres.

Passer par les chiffres est primordial, car seuls les chiffres permettent de vraiment saisir la capillarité de l'activité contributive dans nos vies individuelles et dans notre organisation collective.

II

Cartographie de l'activité contributive par les chiffres[1]

Cartographier, c'est représenter graphiquement un *territoire* de manière à pouvoir l'embrasser du regard, le connaître, s'y repérer. Tous les territoires ne sont pas géographiques. Il existe aussi des territoires de connaissance ou d'idées. Et de bien d'autres choses encore. Pensons à la carte de Tendre du Moyen Âge qui permettait au pèlerin de l'amour courtois de se figurer et de choisir les états à parcourir et à traverser : Complaisance, Soumission, Petits soins, Assiduité, Empressements, Grands services, Sensibilité, Grand effort, etc.

La carte positionne les éléments du territoire, hétéroclites, les uns avec les autres, et institue des rapports entre eux, notamment des rapports de taille. Ce qui détermine une taille, ce n'est pas toujours une quantité. « Je t'aime gros comme ça », nous disent nos enfants en ouvrant grand leurs bras. Mais c'est aussi parfois, souvent, le plus souvent, une quantité. Là où il y a domaines, là où il y a mesure, il y a cartographie.

1. Cette seconde partie reprend l'étude que j'ai produite en 2022, suite à l'analyse des données de l'enquête {contributive}.

Dans quel sens faut-il le penser d'ailleurs ? Mesurons-nous pour produire la carte ou bien dessinons-nous la carte pour comprendre les mesures ? En tout état de cause, mesures et cartes sont fortement liées.

Ainsi, cette seconde partie va « donner à voir » le territoire de l'activité contributive et ses domaines au travers des chiffres. L'objectif n'est pas le chiffre en soi. L'objectif, c'est de prendre conscience de la *grandeur* de l'activité contributive, au sens d'*importance*, d'*apport* et de *mérite*. Et ils sont grands les chiffres que nous allons voir. Ils sont tellement grands qu'ils font peur. On n'est pas sûr de les comprendre, on croit se tromper, on ne sait pas à quoi les ramener.

C'est également vrai d'ailleurs de tous les chiffres de la macroéconomie. Nous n'arrivons pas à leur prêter du sens. Nous préférons dire : « les chiffres, c'est pas mon truc » ou « dès qu'il y a des chiffres, je suis perdu ». C'est normal. Le philosophe Günther Anders disait que le « trop grand » est comme le « trop petit » : nous n'arrivons pas à le voir. Le « trop grand », il l'a appelé le *supraliminaire*, en opposition avec l'*infraliminaire*.

Il y a quelque chose de l'ordre du supraliminaire dans les chiffres de l'économie, en général. D'où le fait que nous démissionnions et que nous en laissions la gestion aux spécialistes. Et il y a quelque chose de l'ordre du supraliminaire dans l'activité contributive, en particulier.

Qu'est-ce que ça peut bien vouloir dire que notre effort contributif annuel, en France, représente 1 557 milliards d'euros ?

Je vais l'écrire en toutes lettres parce que parfois, on n'arrive même pas à le lire.

Mille cinq cent cinquante-sept milliards d'euros.

Je vous invite à le dire à voix haute. Vous aurez peut-être du mal à y arriver. Votre langue va peut-être fourcher. Vous devrez peut-être vous y reprendre plusieurs fois. Moi-même, en essayant de relire le chiffre à l'instant, j'ai bredouillé.

Mille cinq cent cinquante-sept milliards d'euros.

Là. Voilà. Vous avez réussi à le lire, à le dire.

J'ai mis longtemps à pouvoir le prononcer. Et je ne compte pas les fois où j'ai sursauté en me disant « non, tu te trompes, ça n'est pas mille milliards, ça doit être cent ». Et j'appelais mon ami Jean, le mathématicien, pour lui demander de me rassurer, de vérifier, de me dire le chiffre, de le recompter.

La même incertitude m'a prise dans l'autre sens, avec le nombre d'heures contribuées par an en France : soixante-sept milliards.

Là, je me disais « non, ce n'est pas possible, à moi toute seule je fais déjà soixante-sept milliards d'heures d'activité par an ». C'est une façon de parler, bien sûr. Je savais que je n'avais pas soixante-sept milliards d'heures dans une année. Mais bon, j'avais ce sentiment à la fois de « trop petit » et de « trop grand », dans cette immensité du chiffre. Un insaisissable.

Alors fallait-il vraiment consacrer une partie de cet ouvrage d'introduction à l'activité contributive à sa cartographie par les chiffres ? N'était-ce pas le plus sûr moyen de perdre le lecteur, de vous perdre, vous qui avez juste envie de savoir si vous êtes un contributeur, une contributrice, et de comprendre ce que cette activité contributive implique, concrètement, dans votre vie ?

Oui, c'était important parce que nous ne pouvons pas comprendre l'apport vital de l'activité contributive sans ces chiffres, sans les connaître, sans nous les approprier.

Les chiffres[1] que je vais présenter dans cette seconde partie ont été produits dans une étude que j'ai effectuée pour

1. La mesure radicale de l'activité contributive concerne pour la majeure partie la période 2018-2021, mais quelques données remontent à la dernière étude de l'Insee sur l'activité domestique en 2010 (Roy, 2012).

l'initiative {contributive} en 2022. Tous les détails des calculs et des références peuvent être consultés dans le texte intégral de l'étude (Lipsyc, 2022). Ici, je ne restituerai que l'essentiel.

Je commencerai par présenter les chiffres généraux, ceux du territoire « activité contributive » dans sa globalité. Ils sont éloquents.

J'exposerai ensuite la méthode que j'ai utilisée pour les produire.

Enfin je dresserai une cartographie chiffrée un peu plus détaillée des différents domaines qui composent le territoire « activité contributive ». Je pourrai alors comparer l'apport de l'activité contributive et celui de l'activité lucrative à ces filières.

5
Un premier aperçu

Les trois chiffres principaux

En France, en moyenne, chaque personne de 15 ans et plus[1], consacre *un peu plus de trois journées*[2] *par semaine* à l'activité contributive. À l'échelle d'une année, cela représente *1218 heures* (mille deux cent dix-huit heures), soit autant que *87 % du temps passé au travail* par la population active. L'activité contributive est, à n'en pas douter, notre deuxième emploi. Il correspond à un temps partiel.

Mais ce chiffre est une moyenne. Il est supérieur pour les femmes. Il est supérieur pour les personnes en difficulté financière. Il est supérieur pour les parents d'enfants jeunes. Il est supérieur pour les parents en solo. Et il arrive qu'une femme cumule toutes ces situations ! Il peut ainsi s'apparenter à un second temps plein, voire plus encore.

---

1. Nous avons fait ce choix en raison des données disponibles sur la contribution. Au demeurant, les enquêtes sur l'emploi du temps, à l'international, « se concentrent généralement sur une population âgée de 15 à 64 ans » (OCDE, 2011). La fourchette est intéressante, car cela montre qu'après 64 ans on est considéré comme avant 15 ans : hors monde…
2. En vue de la comparaison, la journée est à comprendre en tant qu'équivalente à une journée de travail, soit sept heures.

Une autre nuance doit encore être prise en compte. L'activité contributive n'est pas limitée à la vie dite active. Elle ne connaît pas la retraite et elle commence avant l'âge légal du travail. Elle court de 15 à 77 ans, pourrait-on dire comme dans la chanson. En conséquence, ramenée à l'échelle de tous les Français, elle représente *67,5 milliards d'heures annuelles* alors que le travail, lui, occupe seulement 41 milliards d'heures annuelles.

Nous contribuons 1,6 fois plus que nous ne travaillons.

Cet effort contributif des particuliers représente, pour la France, au moins, une richesse de *1 557 milliards d'euros* (mille cinq cent cinquante-sept milliards d'euros), soit l'équivalent de *68 % du PIB*. Le PIB, le produit intérieur brut, est la boussole des politiques publiques. Il est censé correspondre à la richesse produite par un pays. C'est en fonction de l'évolution du PIB que la croissance est mesurée.

L'activité contributive n'est pas prise en compte dans le PIB. Elle n'est pas comptée dans la richesse produite par les « agents économiques ». C'est un peu comme si on nous disait : « vous êtes un agent économique quand vous travaillez et quand vous consommez, pas quand vous êtes bénévole ou quand vous vous occupez gratuitement d'un potager qui nourrit cinquante personnes ». L'agent économique c'est le travailleur et le consommateur, pas le contributeur.

Une occultation immense

Pour comprendre l'immensité de cette occultation, osons une allégorie.

> Pierre, Paul et Capucine se sont échoués sur une île déserte. Ils décident de mettre en commun leur énergie pour survivre. Pierre va chasser, Paul va pêcher et Capucine cueille des fruits.

> Le soir venu ils se retrouvent. Pierre ramène un lapin, Paul deux poissons et Capucine rapporte des fruits. Les fruits pèsent environ le même poids que le lapin et les poissons.
> Au moment du partage, Pierre et Paul disent : « Ah ben non, chasser ou pêcher, c'est pas comme cueillir. Cueillir, c'est rien. Tu ramasses juste ce qui est là. La cueillette, on aurait pu la faire sur le chemin. Elle est à nous de toutes les façons. Alors on ne compte pas la cueillette dans le partage. On veut bien te donner ce qui reste quand on aura fini de manger, mais en échange, tu feras la cuisine et tu t'occuperas de la peau du lapin pour faire une écharpe. »
> Et Capucine se dit : « Mais oui, ils ont raison, c'est rien de cueillir, c'est pas comme chasser ni pêcher. J'ai pas fabriqué de piège, pas de harpon. Enfin si, j'ai bricolé des paniers, mais bon, c'est pas la même chose. Et puis moi, je ne sais pas chasser ni pêcher. »

Vous vous dites que Capucine a tort de se laisser faire ? Qu'elle devrait argumenter ? Pourtant, nous sommes tous des Capucine avec les 1 557 milliards d'euros que nous offrons à l'économie collective, avec les 67 milliards d'heures que nous effectuons, sans rien recevoir en échange, pas même des droits comme le citoyen ou le consommateur, pas même un bout de retraite ou de congé maladie.

Imaginez qu'on doive payer aux contributeurs cette activité gratuite : que resterait-il de l'économie dite « productive », celle qui est opérée par les entreprises ? Arriverait-elle à être rentable ? Les entreprises feraient-elles leurs profits et leurs super profits ? Non. Le mythe de l'entreprise et de l'entrepreneur audacieux et ingénieux, producteur de richesses qui profitent à tous, s'effondrerait. En réalité, c'est bien plutôt l'inverse qui est vrai ! Ce sont les contributeurs, les particuliers, qui produisent une richesse qui irrigue l'ensemble des entreprises et qui rend leur activité et leur profit possibles.

Une dette sociale

Les solidaristes[1] parlaient d'une « dette sociale » de chacun face au patrimoine matériel et immatériel transmis par les générations précédentes.

Dans un de ses ouvrages oubliés, paru en 1904, *Solidarisme et libéralisme*, le philosophe Célestin Bouglé cite un texte émouvant de Léon Bourgeois, théoricien du solidarisme et homme politique de la IIIe République, qui explique cette « dette sociale » (Bouglé, 1904) :

> « Dès que l'enfant, après l'allaitement, se sépare définitivement de la mère et devient un être distinct, recevant du dehors les aliments nécessaires à son existence, il est un débiteur ; il ne fera point un pas, un geste, il ne se procurera point la satisfaction d'un besoin, il n'exercera point une de ses facultés naissantes, sans puiser dans l'immense réservoir des utilités accumulées par l'humanité. »

S'ensuit une éloquente énumération des différents postes affectés à cette dette :

> les aliments, « fruits de la longue culture qui a, depuis des siècles, reproduit, multiplié, amélioré les espèces » ;
> les mots qui contiennent et expriment « une somme d'idées que d'innombrables ancêtres y ont accumulée et fixée » ;
> « le livre et l'outil que l'école et l'atelier lui vont offrir » et dont il ne « pourra jamais savoir ce que ces deux objets, qui lui sembleront si maniables et de si peu de poids, ont exigé d'efforts antérieurs ».

1. Le solidarisme est une doctrine politique qui a irrigué la pensée française de la IIIe République et qui a inspiré le Conseil national de la Résistance à la Libération. Son ouvrage fondateur, paru en 1896, *Solidarité*, a été écrit par Léon Bourgeois, homme politique français.

« Et plus il avancera dans la vie », conclut-il, « plus il verra croître sa dette, car chaque jour un nouveau profit sortira pour lui de l'usage de l'outillage matériel et intellectuel créé par l'humanité. »

Cette conclusion nous importe particulièrement car elle pointe comment un profit, quelque part, n'est pas dissociable d'un ensemble d'activités humaines précédentes ou concomitantes qui lui sont rattachées.

La notion lancinante de « dette » qui ponctue ce texte de Bourgeois pourrait être questionnée. La dette peut être comprise, en effet, comme un instrument au service de la domination des masses par les puissants comme l'avancent, par exemple, les travaux de David Graeber (Graeber, 2013 : 5) :

> « Depuis des milliers d'années, les hommes violents ont pu dire à leurs victimes qu'elles leur devaient quelque chose. À défaut de tout autre chose, “elles leur devaient leur vie” (expression révélatrice) car ils ne les avaient pas tuées[1]. »

On retrouve ici l'histoire de Capucine, n'est-ce pas ? D'ailleurs, allez savoir ce que Pierre et Paul ont exigé ensuite, en plus de la cuisine et de la couture. Mais ici, dans la notion de dette sociale, l'idée de dette est détournée. Elle n'est pas celle des « débiteurs », des pauvres, des sans-ressources, ni même celle des pays. Elle est générale, et en particulier celle des « créanciers », les détenteurs du capital et de la propriété intellectuelle, celle des marchés, car plus on tire de profit de l'apport collectif, plus cette dette envers le collectif humain augmente.

Cette problématique d'une génération collective de la richesse détournée au profit de quelques-uns, au nom du « libéralisme du laisser-faire », a constitué un véritable lieu

1. Traduction de l'auteure.

commun du début du xxe siècle, des deux côtés de l'Atlantique. On le retrouve notamment dans le pragmatisme américain, chez John Dewey ou Thorstein Veblen.

Dewey parle du « parasitisme » de ceux qui, sous prétexte de défendre la liberté, « perpétuent la domination implacable qu'ils exercent sur des millions de leurs contemporains », engendrant un besoin de « charité, tant publique que privée [...] à grande échelle ». Il dénonce d'ailleurs leur ironie quand ceux-ci, ceux qui s'accaparent la richesse collective, s'opposent aux « indemnités publiques de chômage » alors même qu'ils veulent « maintenir les conditions qui engendrent la nécessité d'apporter cette aide publique à des millions de personnes » (Dewey, 2014).

Veblen explore quant à lui beaucoup plus extensivement et spécifiquement la problématique, notamment dans son article en deux parties sur « La nature du capital », parues en 1908, qui débute par l'affirmation qu'« à un niveau économique, l'homme n'a jamais mené une vie isolée et autosuffisante » (Veblen, 1908). « Humainement parlant », dit-il, « une telle chose est impossible ». C'est même selon lui ce qui « caractérise l'humanité ». L'histoire de la vie humaine est celle « des communautés humaines ».

Veblen est sans doute le premier à énoncer spécifiquement l'« ordre immatériel » de cette organisation collective :

> « Sans accès à ce fonds commun d'équipement immatériel, aucun individu ni aucune fraction de la communauté ne peut gagner sa vie, et encore moins faire des avancements ».

Cette seule phrase regorge de thèmes qu'il serait passionnant de développer :

- les communs qui ont été soumis à enclosure, ce mouvement de privatisation et de confiscation dans la mise en place de

l'organisation capitaliste de la vie sociale et économique (accumulation primitive)[1];
• le mythe du mérite personnel qui justifierait une disparité démesurée des rétributions[2];
• le mythe de l'invention qui dépendrait uniquement du génie d'une personne ou de l'investissement d'une entité légitime par là même à la breveter, la copyrighter, l'exploiter à son seul profit...

« L'initiative individuelle », poursuit-il, « n'a aucune chance sauf dans le terrain qu'offre le fonds commun » car « l'invention ou la découverte [...] incorporent toujours une telle part de ce qui lui est antérieurement offert que la contribution créative de l'inventeur ou du découvreur est triviale en comparaison ».

Ainsi, dit-il, « les gros bras absorbent ou “accaparent” l'usufruit du savoir ordinaire[3] » au fur et à mesure que celui-ci s'incorpore dans des outils de production plus imposants ou complexes. Dans la plus lourde des machines industrielles, Veblen voit l'immatériel qui s'est réalisé. Derrière la création de richesses de ces quelques « gros bras », il y a toujours un collectif qui a œuvré. Pour Veblen, cette « manière

1. Voir les travaux de Silvia Federici. Cette confiscation des communs fait partie de la réflexion sur « l'accumulation primitive », période et processus d'accaparement des richesses au profit de la constitution première du capital.
2. Le mythe du mérite est entre autres dénoncé par Dewey, qui le pointe comme l'un des deux piliers du « double système d'apologétique justificative » du « libéralisme du laisser-faire », le second étant la « glorification » de « l'indépendance, du libre arbitre et de la responsabilité » comme « vertus » étant « centrées sur l'individu et émanant de lui » en toute ignorance de « la dépendance à grande échelle » (Dewey, 2014).
3. Traduction de l'auteure.

de parler de l'équipement industriel » revient à l'assimiler à « une institution de l'*accaparement* des actifs immatériels de la communauté[1] ».

Le terme « institution » n'est pas utilisé métaphoriquement, ce n'est pas une façon de parler. Comme nous l'avons déjà dit, Veblen s'inscrit dans la lignée pragmatique qui réfléchit les institutions comme des cristallisations d'habitudes. Cette analyse de l'appropriation de la création de valeur par les détenteurs du capital diffère de l'analyse marxiste traditionnelle plus connue. Elle ne fait pas peser exclusivement le rouage de la confiscation des richesses sur le profit réalisé au détriment du *travailleur* mais au détriment du *collectif*.

L'entreprise, un organe parmi d'autres

Ainsi, Thorstein Veblen pointait la part-socle d'un *apport social* dans toutes les entreprises marchandes et lucratives.

> Pour lui, la propriété foncière autant que les machines de l'industrie, les deux piliers de l'économie lucrative de son époque[2], incorporaient cet apport social non valorisé et non rétribué.
> En effet, il rappelle qu'une propriété foncière vaut par son emplacement et qu'un emplacement a la valeur que la société lui prête. Le prix du mètre carré n'est pas le même autour des Champs-Élysées qu'à Roubaix[3].

---

1. On peut aussi dire, en reprenant le vocabulaire de Robert Cassel, qu'il existe une « propriété sociale » captée par la « propriété privée » (Castel et Haroche, 2001).
2. Veblen a vécu à cheval entre le XIXe et XXe siècle (1857-1929).
3. Cette façon de raccorder le « consensus » de valeur à un « immatériel » est singulière et très riche de potentiels à développer. Ici n'est pas le lieu cependant pour mener cette réflexion.

> Quant à la machine de l'industrie, elle n'existerait pas sans l'ensemble des savoir-faire qui ont été nécessaires pour la construire, jusqu'à la forme du moindre de ses plus petits boulons.

Les chiffres de l'activité contributive des individus augmentent encore davantage le poids de cette dette sociale du monde marchand envers le monde civil. Pas une entreprise et pas un actionnaire ne pourraient réaliser ses profits, être prospère ni même juste solvable, sans cet apport de tous. Pas un salaire non plus ne pourrait être versé. Et l'État ne pourrait pas fonctionner, ne serait-ce que parce qu'il repose sur l'investissement du citoyen bénévole, surtout dans les organes de gouvernance démocratique locale. Le profit est donc réalisé grâce à deux apports sociaux non valorisés : l'héritage immatériel et l'activité contributive.

L'héritage immatériel est comme une réserve, un *stock*, inépuisable dans laquelle nous nous servons. L'activité contributive est comme un *flux* continu qui irrigue la société marchande gratuitement. On peut faire la comparaison avec la nature : elle aussi est utilisée gratuitement dans la production de la richesse. Cette vision de l'économie et de la production de la richesse est globale et *organique*. L'entreprise est seulement un *organe* parmi d'autres dans un système à fabriquer de la valeur. La fonction de cet organe, c'est de transformer en valeur financière l'ensemble de l'activité de l'homme et de la nature.

L'entreprise n'est pas la source de cette valeur : elle est une espèce d'appareil digestif qui ingurgite les ressources et les énergies, humaines et naturelles, pour les transformer en valeur monétaire.

> Nous pourrions tout aussi bien oser la métaphore alchimique : l'entreprise est l'athanor où le plomb se transmute en or.

> N'oublions jamais que le papier-monnaie, symbole de la valeur à l'époque de l'économie de marché, a d'abord été imaginé, en 1640, par des alchimistes anglais, les hartlibiens, qui étaient las de ne pas arriver à trouver la formule de la transmutation du plomb en or (Orain, 2018 : 196).

Nous faisons comme si cet organe était à lui seul l'ensemble de l'organisme. Et nous lui attribuons le mérite (et la jouissance) de la valeur qu'il a *manifestée*, seulement *manifestée*.

On commence cependant à entendre des voix qui défendent l'apport de la nature, qui veulent prendre en compte les services écosystémiques et les actifs naturels pour les valoriser dans les différents bilans et indicateurs financiers. On pense même à faire de la nature une personne morale avec des droits. Il n'en va pas encore de même avec l'activité contributive qui reste inconnue.

L'activité contributive, c'est notre secret de famille à tous. Nous savons qu'elle existe et nous faisons comme si elle n'existait pas. Mettre des chiffres sur l'activité contributive, c'est rompre le silence du secret et exposer la réalité pour qu'elle soit gérée au mieux, pour avancer sur des bases plus saines et plus propices[1].

Alors, quels sont ces chiffres ? À quoi correspondent-ils ? Comment répondent-ils aux indicateurs traditionnels ?

Trois nouveaux indicateurs relatifs à l'activité économique des particuliers

L'indicateur économique prépondérant, c'est le produit intérieur brut. Le PIB est un indicateur national qui mesure la

1. On le sait, les familles n'aiment pas beaucoup cela, l'exposition de leurs secrets. Cela bouscule l'équilibre et les rapports de force en place, aussi toxiques soient-ils.

richesse produite annuellement par ceux que l'on a identifiés comme les agents économiques productifs. Les travailleurs en font partie, pas les contributeurs.

L'effort des travailleurs est estimé à partir d'un indicateur produit par l'OCDE : les *heures travaillées*. Cet indicateur désigne le nombre d'heures de travail que le travailleur d'un pays effectue, en moyenne, en un an. Cet indicateur part de l'ensemble des heures de travail déclarées dans un pays et les rapporte à la population active.

Face au *PIB* et aux *heures travaillées*, je propose deux nouveaux indicateurs qui permettent des comparaisons : l'effort contributif des personnes (ECP) et les heures contribuées par personne (HCP). Comme son nom l'indique, l'ECP donne la valeur de l'*effort contributif* que les Français ont déployé en un an. Il évalue combien aurait coûté leur activité contributive s'il avait fallu la payer. Les HCP indiquent quant à elles le nombre d'heures qui sont contribuées en moyenne par un contributeur, en un an.

Les heures contribuées et les heures travaillées ne permettent pas cependant de faire une comparaison pleinement satisfaisante, car la population qui contribue est supérieure à la population qui travaille. Ainsi, au moment de l'étude, l'effort contributif et les heures contribuées concernaient en France une population de 55 millions de personnes[1] tandis que les

1. Pour connaître la population française de plus de 15 ans, nous nous sommes référés aux données de l'Insee, en 2021, l'année où l'étude a été effectuée. Les données disponibles en 2021 étaient des données provisoires arrêtées à la fin 2020. La page du site de l'Insee est mise à jour chaque année et n'est plus disponible. Pour plus de détails, se rapporter à l'étude intégrale. Nombre exact : 55 444 352.

heures travaillées concernent une population de 29 millions de personnes[1].

Si l'on veut considérer les chiffres globaux pour connaître les heures contribuées par l'ensemble des Français, il faut un troisième indicateur : le *nombre d'heures contribuées*. Cet indicateur doit être mis au regard du *nombre d'heures travaillées*. Le nombre d'heures travaillées n'est pas une moyenne comme les *heures travaillées*, c'est une somme.

Comparaison de l'activité contributive et de l'activité lucrative

Effort contributif des personnes (ECP)	**Produit intérieur brut (PIB)**
1 557 milliards d'euros	2 300 milliards d'euros[1]
Heures contribuées par personne (HCP)	**Heures travaillées par travailleur**
1 218 heures/an	1 402 heures/an[2]
Nombre d'heures contribuées (NHC)	**Nombre d'heures travaillées**
67,5 milliards d'heures	41 milliards d'heures travaillées

1. OCDE, « Population active (indicateur) », *data.oecd.org*, 2023, doi : 10.1787/7bc2406b-fr. Nous avons utilisé les données de 2020, comme pour les données de la population française de plus de 15 ans. Nombre exact : 29 346 000.

1. Victor Amoureux, Jean-Cyprien Héam, Thomas Laurent, « Les comptes de la Nation en 2020. Baisse historique du PIB, mais résilience du pouvoir d'achat des ménages », *Insee Première*, n° 1860, 28 mai 2021.

2. OCDE, « Heures travaillées (indicateur) », *data.oecd.org*, 2023, doi : 10.1787/90b614ce-fr. Données France 2020. Le site a été mis à jour et donne actuellement le chiffre de 1 403 heures. En 2021, la donnée correspondait à 1 402 heures, *cf.* par exemple : Frédéric Bianchi, « Emmanuel Macron a-t-il raison de dire que les Français travaillent moins que leurs voisins ? », *bfmtv.com*, 12 octobre 2021.

L'ECP, les HCP et le NHC mesurent l'apport productif des *particuliers*, pas des structures. Ils sont des indicateurs de production et de richesse. Par ailleurs, ils ne sont pas des indicateurs d'impact : ils ne disent rien des effets produits par l'activité contributive, ce qu'on appelle aussi les « externalités ».

Ces indicateurs ne mesurent pas non plus le coût d'un dispositif de soutien à l'activité contributive et aux contributeurs. Dire « l'activité contributive produit 1 557 milliards d'euros de richesse » ne signifie pas « nous devons rétribuer les contributeurs à hauteur de 1 557 milliards d'euros ».

Cette précision est extrêmement importante, car, lors des débats et des discussions qui ont entouré cette entreprise de mesure, la confusion entre les deux, entre la mesure de l'activité contributive et la mesure du coût d'un dispositif de soutien, entravait la réflexion sur l'activité contributive.

Voici la logique qui était à l'œuvre dans cette confusion :

> Parce qu'on redoutait que l'activité contributive ne menât un jour à une rétribution, on voulait restreindre le périmètre à mesurer, c'est-à-dire restreindre le périmètre de ce que l'on reconnaissait comme étant de l'activité contributive.
> « On ne va quand même pas payer quelqu'un parce qu'il fait sa vaisselle ! » menait à « on ne peut pas considérer le fait de faire sa vaisselle comme de l'activité contributive ».
> Or l'un est indépendant de l'autre. Faire sa vaisselle est de l'activité contributive puisque, si je ne la fais pas, je dois la faire faire par quelqu'un d'autre, quitte à payer cette personne. C'est donc qu'il y a une valeur économique au fait de faire la vaisselle.
> Ensuite, décider d'intégrer ou pas ce type particulier d'activité contributive dans un dispositif de rétribution de l'activité contributive, eh bien c'est une autre question ! Une question qui concerne la construction, les contours, les décisions autour d'un dispositif de soutien à l'activité contributive.

> Une question relative au *consensus social* concernant l'accès à la propriété sociale. Pas une question épistémique qui entre en jeu pour savoir ce qui relève de l'activité contributive et ce qui n'en relève pas.

Je tiens enfin à préciser que cette première estimation de l'ECP, des HCP et du NHC est provisoire : elle doit servir de base au débat, en vue de construire un projet scientifique ultérieur qui sera en mesure de recueillir des données plus fiables. Il faut bien commencer quelque part.

Mesure de l'impact et mesure de l'effort

Les trois indicateurs qui ont été forgés sont relatifs à l'*effort* contributif des Français. Il ne s'agit pas d'une mesure de l'*impact* de l'activité contributive. L'impact désigne un changement qui est rattaché à une cause. Dans l'absolu, l'impact peut être négatif ou positif, et il peut concerner l'économie, l'environnement ou la société. De plus en plus souvent cependant, dans le langage socioéconomique, l'impact renvoie aux impacts positifs environnementaux ou sociaux.

Il faut distinguer l'activité contributive de ses impacts. L'activité contributive est une *activité*, un effort, une énergie dépensée. L'impact est un *résultat*. L'activité contributive a toujours des impacts positifs. Mais tout ce qui a un impact positif n'est pas forcément de l'activité contributive.

> Si je me forme, je crée un avantage compétitif pour mon corps social dans son ensemble.
> Si j'ai une activité physique régulière, j'évite des dépenses de santé portées par les autres au travers de la Sécurité sociale et je coûte moins à l'organisme qui assure ma complémentaire santé, etc.

Ce type d'activité à impact, que je ne peux pas déléguer, qui est consubstantielle à mon corps et à mon esprit, n'est pas de l'activité contributive. Pourquoi ? Parce que, à la différence de l'activité contributive, cet apport contributif ne rentre pas dans un processus de production de biens ou de services. C'est en ce sens que l'activité contributive peut être comparée à du travail gratuit. Elle produit directement un bien ou un service, quel que soit le bénéficiaire : l'autre ou moi. L'activité contributive, l'*effort* contributif, en soi, est son propre *impact*. En effet, l'effort contributif produit un service ou un bien, qui répond à un besoin, même s'il n'y répond pas de manière optimale. Ce besoin peut être celui d'une population spécifique ou celui du corps social dans sa globalité.

> Donner un cours de soutien scolaire ou relayer un aidant répond aux besoins d'une personne donnée.
> Participer à la vie culturelle, artistique ou sportive d'une communauté, à son existence, à son dynamisme, répond aux besoins du corps social dans sa globalité.

Mais les impacts de l'activité contributive vont encore plus loin. Par son existence même, elle instaure des relations propices entre les êtres, dans les collectifs et face à la nature. Or le jaillissement des actions propices est sans fin. Et l'inverse est vrai également. Les conséquences de l'absence d'activité contributive sont extrêmement néfastes.

> Ne pas s'occuper de ses enfants et des personnes fragiles, ne pas avoir de vie culturelle ou associative, ne pas avoir de tissu citoyen vivant, ne pas avoir d'agriculture locale, ne pas avoir de communs : tout cela détruit la qualité de vie, la santé, la cohésion, le vivre-ensemble, la prospérité ressentie, la démocratie mais aussi l'autonomie, la compétitivité et l'attractivité.

En matière d'environnement et de social, l'activité contributive ne produit pas des effets ciblés et indépendants les uns des autres, limités dans le temps, car les milieux écologiques et les milieux humains sont écosystémiques et complexes.

Ne pas pouvoir prouver un impact donné, relié à des objectifs précis (économiques, écologiques ou sociaux), à un moment donné, sur un échantillon donné, ne veut pas dire qu'on est inutile. Et vice-versa. Ce qu'on ne regarde pas et dont on ne s'occupe pas, c'est peut-être parfois l'essentiel.

Pauline Alphen est une auteure « jeunesse », notamment d'une saga intitulée *Les Éveilleurs*. Son œuvre est reconnue. Elle est primée. Elle est traduite. Elle est étudiée dans des universités. Toutefois, quand on considère l'ensemble de sa carrière d'auteure, elle n'est pas rémunérée à la hauteur de son temps de travail, même en partant sur la base du SMIC et malgré ses quelques succès commerciaux. Son travail relève donc de l'activité contributive.

Treize ans après la parution du premier tome des *Éveilleurs*, des lecteurs, devenus jeunes adultes, se sont réunis dans un groupe qu'elle encadre bénévolement. Certains sont devenus auteurs et sont édités. D'autres sont devenus libraires ou éditeurs. Ils témoignent tous de l'impact de cette saga, où l'on suit des « nomades de l'écriture », sur leur chemin personnel. Mais d'autres livres de Pauline sont tout aussi importants. *La vraie vie de l'école* aide les enfants dyslexiques à mieux vivre leur différence tout en favorisant leur inclusion par une meilleure compréhension de cet atypisme. *L'arbre, le chat, le grand-père* soutient le travail de deuil d'enfants à qui on ne parle plus de la mort.

Les impacts de l'œuvre contributive de Pauline Alphen sont capillaires, dans la psyché, dans la construction, dans le cheminement des enfants qui deviennent adultes. Les répercussions de ces éveils sont sans fin, pour eux, pour les autres, pour la société. Qui va les détecter, les mesurer et les prouver ?

Ainsi l'activité contributive a bien évidemment un impact positif. Elle est même le parangon de l'activité à impact. C'est sa définition. Elle est toujours au service du bien commun : *care*, humanitaire, lien social, cohésion sociale, solidarité, sanitaire, environnement, sport, culture, patrimoine, démocratie, etc. Son existence même *est* impact, même quand cet impact n'est pas décelable ni mesurable immédiatement à partir d'objectifs précis et prédéfinis.

6
Quelle mesure ?

Arbitraire de la mesure

L'activité contributive est une véritable *terra incognita* caractérisée par une absence de données quasiment systématique, même dans des domaines très documentés par des rapports et des études, comme la citoyenneté participative ou les coopératives. Entreprendre de la mesurer a impliqué des extrapolations et des inférences arbitraires. J'ai décidé d'assumer cet arbitraire pour cinq raisons.

En premier lieu, mon travail de recherche s'inscrit dans le cadre du constructivisme. Le constructivisme est une démarche scientifique qui « construit » une connaissance *opérante*, c'est-à-dire une connaissance qui est efficace par rapport à un objectif mais qui ne cherche pas à révéler un « vrai » absolu. Cette connaissance construite est temporaire, elle est toujours un point de départ ou de transit. Une étape. Dans cet état d'esprit, l'important, c'est de poser une base. À partir de là, des débats peuvent naître et de nouveaux travaux aboutir, avec davantage d'exactitude ou même des nouveaux points de vue.

Deuxièmement, dans mes travaux antérieurs sur les sciences comptables et financières, j'ai abouti à la conclusion que leurs mesures étaient des fictions qui n'avaient de réalité qu'au sein de leur propre système narratif, leur « mythopoïèse ». J'ai aussi dénoncé, d'une part, leur construction non démocratique dans le silo clos du milieu professionnel de la finance[1] et, d'autre part, leur usurpation du statut trompeur de « photographie » du réel. La légitimation de cette subjectivité par la *doxa* économique et son érection en « vérité » identique aux lois de la physique ou de la chimie ne doit plus faire taire le reste de la société (Lipsyc, 2018 : tesselles 6, 14, 15, 24 et XVI).

Troisièmement, renoncer à l'entreprise nécessaire de mise en visibilité de l'activité contributive au nom de son invisibilité n'est pas acceptable : cela revient à entretenir, à notre tour, le cercle vicieux de l'invisibilisation. Mieux vaut une mesure symbolique, produite en l'état des données et des choix, que pas de chiffre du tout.

Quatrièmement, peu importe que les chiffres soient contestés et que ma démarche soit décriée dans sa globalité ou dans ses détails : le plus important, c'est que le sujet émerge et que d'autres s'en saisissent.

Enfin, cinquièmement, cette démarche de rendre visible l'invisible, en acceptant le caractère subjectif et engagé de l'entreprise, correspond à un champ scientifique existant auquel nous pouvons nous raccrocher et dont nous pouvons nous inspirer : la « cartographie radicale » (Zwer et Rekacewicz, 2021).

1. Les normes comptables internationales, les IFRS, sont établies par l'IASB, sous l'égide de la Fondation IFRS. Malgré l'existence d'instances de dialogue comme le forum IFRS Advisory Council ou la tentative de diversification des sources de financement, les IFRS continuent de ne traduire qu'une vision du point de vue de l'actionnaire. Les récentes IFRS S1 et S2 relatives au reporting durabilité ne s'intéressent ainsi qu'aux questions de risques et d'opportunités pour la bonne santé des affaires de l'entreprise et mettent en garde contre un reporting qui s'éloignerait de cette règle pour s'intéresser de trop près, par exemple, aux risques pour la nature elle-même ou pour la société.

L'inspiration de la cartographie radicale

La cartographie radicale est une forme alternative de cartographie qui construit des cartes qui ne sont pas forcément exactes au niveau topographique, mais qui donnent à voir ce qui est invisibilisé par les cartes traditionnelles. Elle se met « au service de la justice sociale » (Zwer et Rekacewicz, 2021 : 20). Ses cartes sont « radicales » parce qu'elles remontent à la « racine » et cette racine, c'est l'homme[1]. Elles sont radicales parce qu'elles mettent l'homme au centre : elles humanisent la cartographie.

La comparaison entre la mesure et la cartographie semble d'ailleurs particulièrement pertinente et féconde. Toutes deux sont des « machines de vision[2] ». Elles permettent de voir pour se repérer et s'orienter. Toutes deux donnent à comprendre l'écoumène, l'espace commun habité par l'homme. L'écoumène a une face géographique (la connaissance du lieu de l'habitat humain) et une face économique (la gestion de l'espace habité[3]). Les cartes sont au service de la connaissance géographique et géopolitique de l'écoumène. Les mesures

1. « Rebattre les cartes, débattre des cartes. Avec Philippe Rekacewicz et Nepthys Zwer », *L'invité(e) des Matins*, France Culture, 23 décembre 2021.

2. « La machine de vision » est un concept forgé par Claude Baltz, qui le détourne de Paul Virilio, pour décrire des dispositifs de médiation à l'œuvre pour accéder à l'information.

3. Pour le géographe et philosophe Augustin Berque, l'écoumène est le « milieu » de vie des hommes, un milieu non pas extérieur et objectivé à la manière de la géographie traditionnelle, mais investi par le corps, le ressenti, l'imaginaire, la parole, le symbolique, la technique et le social : un milieu « prédiqué ». Ce milieu va aussi loin que les objets construits par l'homme qui voyagent dans l'univers (Berque, 2014).

sont au service de sa gestion économique et politique. D'ailleurs, les cartes se nourrissent amplement de mesures. Elles les mettent en image. Elles aident à les comprendre. Et, de leur côté, les mesures sont elles-mêmes représentées par des cartes dont font partie les diagrammes, si souvent utilisés dans la communication visuelle des performances.

En filant l'analogie, j'en suis venue à décrire ma démarche comme une « mesure radicale ». La mesure radicale a exactement les mêmes ambitions que la cartographie radicale : elle remet l'humain au centre, elle « humanise » la mesure. Cette attitude « radicale » n'altère rien à la rigueur de mise dans des travaux académiques.

> Toutes les décisions prises sont argumentées, s'appuient sur des références sourcées, sont transparentes sur les difficultés. Les arbitrages ont été appliqués avec constance dans tous les cas de figure similaires[1].

Ainsi, cette mesure radicale n'est pas une mesure excentrique. Il s'agit de la mesure la plus rigoureuse, fiable et étayée possible dans un domaine qui n'est pas encore cartographié. Et si j'ai refusé, dans mes arbitrages, de choisir systématiquement le « plus petit chiffre » possible pour rester « prudentielle », c'est parce que *dans un domaine invisibilisé, le plus petit chiffre possible n'est pas prudentiel : il est négationniste.* De la même manière, j'ai écarté les estimations les plus hautes, même si, pour montrer l'existence des choses que l'on ne perçoit pas, il faut parfois exagérer, comme le préconisait Günther Anders :

1. Tous ces points sont détaillés dans l'étude intégrale (Lipsyc, 2022). Certaines discussions autour des arbitrages sont disponibles sur le forum de l'initiative {contributive} (URL : <https://contributive.org/fr/forum>).

> Il y a des phénomènes qu'il est impossible d'aborder sans les intensifier ni les grossir, des phénomènes qui, échappant à l'œil nu, nous placent devant l'alternative suivante : « ou l'exagération, ou le renoncement à la connaissance » (Anders, 2002 : 29).

Ainsi, même si je craignais moins l'exagération que la minimisation, la négation ou le renoncement, j'ai tout de même privilégié une *certaine* prudence. Nous pouvons donc considérer que les chiffres présentés sont inférieurs à la réalité.

Afin de rester conforme aux usages préexistants, j'ai utilisé la méthode de valorisation comptable de l'activité bénévole : la méthode du coût de remplacement.

La méthode du coût de remplacement

La méthode du coût de remplacement part du nombre d'heures d'activité effectuées, les transforme en équivalent de travail à temps plein (ETP) et exprime ce qu'aurait coûté cet emploi à un employeur.

Comme les domaines de l'activité contributive se rapprochent de ceux couverts par l'activité associative, j'ai choisi, pour calculer le coût de remplacement, le salaire médian en milieu associatif[1]. Le salaire médian en milieu associatif est inférieur au salaire médian français. Il s'agit donc d'une forme de prudence.

1. Nous avons évalué le coût de remplacement à partir de deux études : une étude de Deloitte sur les rémunérations dans le milieu associatif (Deloitte et Taste, 2014) et une étude de l'Insee sur le coût de la main-d'œuvre en France (Luciani, 2015). Selon Deloitte, le salaire médian brut en milieu associatif s'élève à 23 500 euros. Comme le salaire brut représente en moyenne 65 % du coût employeur, nous obtenons un coût employeur de 36 153,84 euros.

Choisir le SMIC aurait été une prise de position sur la valeur, toujours minimale, de l'activité contributive, ce que je refuse. L'activité contributive a été suffisamment « dévalorisée » jusqu'à présent.
Je ne voulais pas non plus donner une fourchette, comme on le fait généralement, entre une valeur minimale et une valeur maximale. Cette attitude me paraissait comme une concession inutile à ceux qui, de toutes les façons, contesteraient la démarche.
Pour calculer l'équivalence ETP, j'ai utilisé 1 568 heures annuelles, nombre d'heures réellement travaillées[1] en moyenne par les salariés à temps complet en 2020[2].

Recueil des données

Les indicateurs concernant l'activité contributive ont été produits à partir d'une « étude de littérature ». Cela veut dire que je me suis appuyée sur un corpus d'études réalisées par des acteurs officiels (Insee, OCDE, ministères, rapports d'institutions, articles académiques). Quand les sources officielles ou académiques n'existaient pas, je me suis tournée vers des études émanant d'organismes indépendants (entreprises, médias). Quand aucune donnée n'était disponible, comme dans l'exemple de la participation citoyenne ou encore dans celui de l'activité artistique, deux cas de figure se présentaient :

1. Les heures réellement travaillées, ce n'est pas la durée légale du travail, soit 1 607 heures annuelles.
2. La page qui donnait la référence au moment de l'étude n'est plus disponible. La DARES apporte un chiffre légèrement inférieur, 1 567 heures, pour 2021 (« La durée individuelle du travail », *dares.travail-emploi.gouv.fr*, 28 septembre 2023). Pour 2020, l'OCDE indique 1 403 heures annuelles, mais il s'agit d'une moyenne, tout type de contrat confondu et non uniquement les temps-pleins.

• il existait des informations qui permettaient de construire des recoupements, des extrapolations ou des inférences circonstancielles ;

• il n'existait pas suffisamment d'informations pour construire un raisonnement acceptable et il fallait construire une « estimation symbolique ».

Estimations symboliques

Les estimations symboliques n'ont pas ou peu d'incidence numérique sur le résultat global, mais elles signalent l'existence d'une situation. Les estimations symboliques sont acceptables et nécessaires dans une « mesure radicale » : elles cassent le cercle vicieux de l'invisibilité.

> Comme certaines réalités sont invisibles ou invisibilisées, les données sont absentes.
> Comme les données sont absentes, aucune étude « fiable » et « sérieuse » ne peut inclure les situations invisibles.
> Comme elles ne sont pas incluses, elles restent invisibles, etc.
> L'estimation symbolique rompt cette logique pernicieuse.

Parmi les « données absentes », certaines relèvent de secteurs par ailleurs largement scrutés, documentés et mesurés. Elles ne sont pas seulement négligées, elles ne sont pas seulement oubliées : on refuse d'en prendre conscience et on refuse de leur donner une existence. Elles sont véritablement l'objet d'un déni et d'un refoulement. Ce sont des « données refoulées ».

Données refoulées

Les données refoulées sont *signifiantes*[1] car elles montrent des zones d'idéologie ou des zones dysfonctionnelles de notre vie économique et sociale.

Comment s'étonner, par exemple, du manque d'engagement des personnes dans le processus démocratique quand leur engagement et leur disponibilité ne sont pas correctement reconnus, quand ceux-ci sont traités comme allant de soi, quand ils ne sont pas mis en avant dans les résultats ?

> Si vous êtes tiré au sort et sollicité pour participer à un Conseil citoyen, on ne vous dira pas combien de temps cela vous prendra. Personne ne le sait. Personne n'a cherché à le savoir. Si vous acceptez d'y participer, pas un seul rapport ne fera état du temps que vous avez consacré. Ce que vous avez apporté sera secondaire. Vous aurez été le fuel d'une machine qui doit faire croire qu'elle tourne.
> Les citoyens ne s'y trompent pas.

Ainsi, par exemple, il n'existe aucune donnée générale sur le nombre ou le pourcentage de Français qui s'engagent dans une instance citoyenne. Et pourtant, ces instances sont nombreuses. Aucune donnée non plus sur le nombre ou le pourcentage de Français qui participent à une consultation ou à une autre démarche participative de cet ordre.

Il y a pléthore de rapports concernant des instances ou des projets participatifs, mais aucun de ces rapports ne fait jamais état du temps que les citoyens y accordent. Ces rapports visent à justifier l'action des intermédiaires ou des collectivités, les

1. Ce qualificatif n'est pas anodin. Ma méthode épistémologique s'appuie sur une cryptographie de la signifiance des discours tenus sur la science et la technique ou sur la signifiance des pratiques (Lipsyc, 2018 : introduction).

fonds reçus ou la politique publique. Ils ne placent pas le focus sur l'activité des personnes qu'ils sollicitent. Ainsi, si ces rapports font souvent état du manque de disponibilité et du désengagement progressif des participants, ils se gardent en revanche d'honorer leur apport.

Pour combler cette zone aveugle, je me suis tournée vers des acteurs de la participation citoyenne : tous m'ont confirmé l'inexistence de ces données[1].

Il en va de même concernant les élus. Une seule étude sur le bénévolat fait état de l'activité des élus municipaux, elle remonte à 2006 et est assez incomplète (Malet, 2006)[2]. Par exemple, elle ne prend en compte que les temps des réunions et commissions. Or la durée des réunions et des commissions est loin de couvrir tout le temps bénévole donné par les élus. En effet, il y a les rencontres avec les citoyens, les permanences, l'étude des dossiers, les appels d'offres, et pour les plus petites communes le dépannage le plus immédiat pour résoudre les petits problèmes du quotidien.

> Christine était maire d'une très petite commune en Normandie.
> Quand l'ampoule électrique d'un lampadaire flanchait, c'est elle qui allait la changer.

Il ne faut pas s'étonner d'un désamour démocratique quand on traite avec aussi peu de considération les citoyens qui s'impliquent ! Ainsi, la crise actuelle de vaste démission des maires corrobore cette problématique. Elle ne peut pas être

1. Ont été contactés : la CNDP, le think tank Décider ensemble, l'Institut de la concertation et de la participation citoyenne, le Gis Démocratie et Participation, et le réseau Empreintes Citoyennes.
2. Là encore, je me suis rapprochée de chercheurs spécialisés pour avoir des données plus récentes, sans résultat.

intégralement imputée à la violence et l'agressivité ressentie par les élus.

Cette invisibilisation de l'action publique des particuliers donne une amère impression de mascarade, comme si la participation était un simulacre organisé pour satisfaire les foules. Leur insignifiance aux yeux des pouvoirs publics, leur peu d'influence, finit par générer une frustration qui déborde.

Outre l'invisibilisation de l'action publique des particuliers, les données refoulées concernent souvent la part de précarité et de non solvabilité dans un milieu donné. Deux milieux sont particulièrement concernés : les coopératives et le milieu culturel.

Il existe de nombreuses études sur les coopératives, beaucoup de rapports, beaucoup de communication. Toutes ces informations affichent toujours les beaux résultats économiques du secteur et son formidable impact sur l'emploi. Il importe de prouver que le secteur coopératif est compétitif avec le secteur marchand traditionnel : qu'il est à prendre au sérieux et à soutenir.

En revanche, il est impossible d'obtenir des informations concernant les populations bénévoles qui gravitent autour des coopératives, les coentrepreneurs de coopératives d'activité et d'emploi en difficulté ou même le nombre de Scop en difficulté où les sociétaires salariés pourraient en venir à accepter des baisses de salaire, voire à sous-déclarer leur activité réelle, dans l'espoir de sauver leur outil commun de travail.

L'activité contributive autour du secteur coopératif est invisibilisée, tue. Peut-être y a-t-il aussi une crainte de dénonciation de situation non concurrentielle[1] ?

1. À ce sujet, je renvoie à l'exemple du Crédit immobilier de France que je développe dans le passage dédié à la présentation de l'ESS,

De la même manière, les chiffres de la culture ou de la recherche ignorent totalement les acteurs qui sont hors système : créateurs non assujettis, artistes qui n'accèdent pas au statut de l'intermittence ou chercheurs indépendants. S'ils n'ont pas exercé dans le cadre des dispositifs officiels, ils n'existent pas. Seuls le succès, le poids économique, la croissance sont mis en avant. Le reste, la difficulté ou l'échec sont ignorés et omis.

Cependant, l'exemple le plus représentatif de la donnée refoulée, je l'ai trouvé dans le monde de l'agriculture, autour du travail gratuit des épouses d'exploitants. Il est tellement absurde qu'il en devient drôle.

Pour déterminer la population de ces contributrices, je me suis rapportée à un article du service de statistiques de la MSA, la Sécurité sociale agricole (Infostat/MSA, 2021).

> « En 2019, environ 132 200 femmes d'exploitants ne sont ni cheffes, ni collaboratrices d'exploitation et n'ont donc pas un statut de non-salarié agricole. [...]
> Leur participation à la gestion des exploitations n'est pas directement mesurable, mais réelle : *lorsqu'elles sont interrogées*[1] lors du recensement agricole, elles déclarent majoritairement aider à la gestion de l'exploitation, bien que n'ayant pas le statut de collaboratrice. »

Il y a eu recensement. Les femmes d'exploitants ont été « interrogées ». Elles ont « déclaré » aider. Pourtant, leur participation « n'est pas directement mesurable » ?! N'aurait-il pas suffi d'ajouter une question sur le temps que cette « aide » leur coûte chaque jour ou chaque semaine ou chaque mois ?

---

dans la première partie. Les structures de l'ESS ne devraient pas être évaluées selon les critères des entreprises lucratives.

1. L'auteure souligne.

Une réponse, même imparfaite, même déconnectée de la tenue d'un carnet de temps comme c'est l'usage, aurait été préférable à… rien. Mais les épouses d'agriculteurs ne sont pas les seules dans ce cas. Toute la catégorie de l'activité paraprofessionnelle est concernée.

L'activité paraprofessionnelle désigne le travail gratuit qu'effectuent les proches – *conjoints, parents, enfants* – dans l'affaire familiale, quelle que soit la forme de cette affaire : exploitation agricole, commerce, autoentrepreneuriat, etc. Les sources sont très insatisfaisantes à ce sujet. On trouve quelques rares informations insuffisantes concernant les épouses mais aucune concernant le reste de la famille. Pourtant, il n'est pas rare, par exemple, qu'un père à la retraite continue de travailler, jusqu'à dix ou douze heures par jour, dans l'exploitation agricole transmise à son fils.

Dans l'activité contributive familiale, on peut aussi citer le cas de l'activité éducative grand-parentale. Les données sérieuses trouvées ne concernaient que la garde d'enfants jusqu'à 7 ans. Or les grands-parents donnent de leur temps de bien d'autres manières qu'en gardant les petits-enfants et s'occupent de leurs petits-enfants bien après leurs sept ans.

On est là devant une « minimisation » de la donnée. Minimiser, c'est aussi nier et refouler. Le cas des aidants en est une illustration éloquente : les données existent, mais elles sont utilisées de telle façon que les estimations produites sont *vingt fois* inférieures à la réalité. Nous verrons cela.

Périmètre de l'activité contributive mesurée

Mais qu'est-ce qui a été mesuré ? Quel est le périmètre de l'activité contributive qui a été retenu ? Comment déterminer ce qui relève de l'activité contributive et ce qui n'en relève pas ?

C'est une chose d'identifier des domaines et des cas, comme nous l'avions fait durant l'enquête {contributive}, c'en est une autre, beaucoup plus complexe, d'arrêter un périmètre à mesurer. Le passage à la mesure confronte en permanence à des arbitrages concernant ce qui entre et ce qui n'entre pas dans le périmètre. Pour mener ces arbitrages, il faut des caractéristiques et des critères. Même une définition ne suffit pas. Il s'agit en fait d'un processus de catégorisation.

> Une catégorie est qualifiée par des caractéristiques.
> Les caractéristiques se déclinent en critères qui permettent de répondre par « oui » ou par « non » quand on veut affilier un élément à la catégorie.
> Cet objet vole-t-il ? « Oui. » Cet objet qui vole a-t-il des ailes ? « Oui. » Cet objet volant avec des ailes se reproduit-il par pondaison ? « Oui. »
> Donc cet objet est un oiseau.

Les trois caractéristiques de l'activité contributive

Première caractéristique : la dimension contributive ou impérieuse

Contribuer, c'est littéralement participer à une œuvre commune. Plus généralement, on comprend la contribution comme une action qui a un effet bénéfique sur les autres ou sur l'environnement. Mais la dimension contributive va encore plus loin. Contribuer, ce n'est pas seulement avoir un impact positif, c'est-à-dire produire une évolution souhaitable. Contribuer, c'est aussi faire quelque chose de nécessaire, de requis, quelque chose sans lequel on ne pourrait pas fonctionner. Quelque chose qui n'est pas facultatif, qui doit être fait, que ce soit par le contributeur ou par quelqu'un d'autre.

> Ce n'est pas facultatif de préparer la nourriture, de maintenir un environnement de vie hygiénique, de prendre soin des enfants, d'avoir de la culture, de l'art, de l'agriculture, d'élaborer des solutions pour vivre autrement dans un monde transformé par le réchauffement climatique, etc.

Émerge ainsi une définition élargie du contributif: « Une activité est contributive dans la mesure où elle *produit* un bien ou un service *impérieux* (non facultatif) ou souhaitable. » Mais cette première caractéristique n'est pas suffisante en soi: il ne suffit pas d'être impérieux ou d'avoir un effet positif pour être « contributif » dans le sens de l'activité contributive, encore faut-il que cette contribution échappe au lucratif: que ce lucratif soit limité (ESS) ou non limité (l'économie traditionnelle hors ESS).

Deuxième caractéristique: la non lucrativité

L'activité contributive ne donne pas lieu à un enrichissement privé et son objectif n'est pas le profit. Et surtout, comme nous l'avons vu, au contraire de l'ESS, sa non lucrativité est totale: l'activité contributive n'atteint pas le seuil de rentabilité et elle n'est pas solvable. Elle concerne des domaines que le marché ne prend pas ou prend mal en compte, soit parce que:

- le modèle économique de l'activité n'est pas et ne peut pas être viable;
- le bénéficiaire n'a pas les moyens d'acheter le bien ou le service produit;
- elle implique une modalité relationnelle où le bénéficiaire ne conçoit pas de la payer ni l'agent d'en tirer une rétribution.

La non lucrativité de l'activité contributive n'est pas assimilable à l'absence totale de monétisation. Il peut y avoir monétisation. Cette monétisation, cependant, n'est pas suffisante pour atteindre la lucrativité limitée de l'ESS qui permet de payer des salaires et d'avoir un fonctionnement solvable.

L'activité contributive n'a pas de modèle économique, elle n'est pas solvable, et pourtant elle est impérieuse. C'est pour cela que nous prenons sur nous de la faire à nos frais, sur notre temps, quelles que soient les conditions dans lesquelles nous intervenons.

Prenons l'exemple de l'agriculture :

> Lors d'une émission radio[1] sur la grave crise de précarité alimentaire qui touche, en 2023, en France, 2,4 millions de personnes, une chercheuse, Bénédicte Bonzi, faisait la remarque suivante :
> « [Il faudrait] sortir peut-être l'alimentation d'une économie de marché qui affame d'un bout à l'autre de la chaîne. Elle affame les producteurs qui n'arrivent pas à s'en sortir et elle affame ceux qui n'ont pas les moyens d'acheter ce qu'ils veulent à certains moments. »
> Bénédicte Bonzi pointe là une aporie de notre économie de marché. Un secteur essentiel comme la filière alimentaire n'est pas solvable.
> Dans les faits, ses parties prenantes, au lieu d'être dans le lucratif, sont dans l'activité contributive, d'« un bout à l'autre de la chaîne ». Le producteur vit dans la précarité et intervient dans le cadre de l'activité contributive. Le destinataire ne peut plus payer et dépend de l'activité contributive pour accéder à l'alimentation.

Mais l'absence de lucrativité, elle non plus, ne suffit pas à définir l'activité contributive. Il manque encore une

1. Podcast *Et maintenant ?*, « Aide alimentaire : état d'urgence », France Culture, 4 mars 2023 (55').

caractéristique fondamentale que nous avons explorée dans la première partie : la liberté du contributeur[1].

Troisième caractéristique : la liberté de contribuer

L'activité contributive est volontairement exercée par le contributeur qui la mène dans la mesure de ses capabilités.

Comme nous l'avons vu, cet exercice volontaire de l'activité contributive ne relève pas toujours d'une liberté positive. Tous les aidants ne choisissent pas d'être aidants. Ils n'ont pas les moyens de faire autrement, de payer du personnel qui les remplace. Mais aucune loi n'oblige quelqu'un à arrêter de travailler pour s'occuper de son enfant ou de son conjoint ou de son parent. Le contributeur dispose au moins d'une liberté négative.

Ces trois caractéristiques permettent, à leur tour, de poser trois critères pour arbitrer l'appartenance d'un type d'activité au périmètre de l'activité contributive actuelle.

Les trois critères d'arbitrage

Premier critère : une délégation possible, voire nécessaire

Est contributif ce qui a un impact positif pour les autres, ou l'environnement, ou bien ce qui doit être impérieusement effectué (première caractéristique). Comment savoir si quelque chose doit être impérieusement effectué ? La réponse

---

1. Cette caractéristique nous est d'ailleurs rappelée par les articles 5 et 6 de la Déclaration des droits du contributeur. Article 5 : « Le contributeur choisit librement de contribuer. À ce titre, aucun acteur privé ou public ne peut exiger qu'un individu effectue une activité contributive [...]. » Article 6 : « Quand il choisit de contribuer, le contributeur est libre dans l'exercice de sa contribution : il n'est pas soumis à des liens de subordination. »

est simple. Si je ne le fais pas, je *peux* et je *dois* le déléguer, quitte à payer quelqu'un pour le faire à ma place. Je n'ai pas le choix.

> Ainsi, faire à manger et manger sont requis.
> Je peux déléguer le fait de faire à manger, je ne peux pas déléguer le fait de manger.
> Faire à manger, même pour moi seul, est de l'activité contributive, manger ne l'est pas.

L'activité contributive produit directement un bien ou un service. Elle est productive et elle est impérieuse. Elle est délégable.

> Déléguée, elle doit être rétribuée. Non déléguée, elle est gratuite.
> Sa valeur n'en disparaît pas pour autant. La valeur existe, mais elle n'est pas « actualisée »: elle n'entre pas dans le champ du réel.
> Les valeurs non actualisées mais réelles sont « monnaie courante », pourrait-on dire, sans jeu de mots, littéralement. Les actions d'entreprises ont une valeur réelle mais ne sont pas actualisées. La masse monétaire elle-même, simple écriture électronique, a une valeur sans être actualisée.
> La différence, bien évidemment, repose sur le consensus social. Les valeurs non actualisées des actions ou de la monnaie sont quantifiées et reconnues par tous. La valeur de l'activité contributive est niée, invisibilisée et non tracée.

On retrouve d'ailleurs ce critère de la délégation dans la définition du travail non rémunéré proposée par l'OCDE: « Si un tiers peut être rémunéré pour réaliser l'activité concernée, on considère qu'il s'agit d'un travail » (OCDE, 2011).

Deuxième critère : une rémunération absente ou incomplète

Est contributif ce qui – malgré son caractère requis – n'entre pas dans le cycle lucratif du marché et de l'emploi (deuxième caractéristique). Pour le contributeur, cette non lucrativité se manifeste par l'absence d'une rémunération horaire au moins équivalente au salaire minimum ou par l'absence de droits sociaux.

La non lucrativité est une situation qui pose le contributeur en dehors des conditions légales du travail. Il ne s'agit pas d'un rapport d'abus entre un employeur et un employé, devant être réglé par les voies traditionnelles de défense des travailleurs.

> Une étude de la Confédération des petites et moyennes entreprises (CPME) dévoile que « un patron de TPE-PME sur cinq gagne moins que le SMIC » (CPME, 2024). Tous ne sont pas dans l'activité contributive, car la hauteur du gain n'est pas le seul critère d'arbitrage.
> Néanmoins, certains y sont. Ces patrons n'ont pas d'employeur qui les exploite et avec qui négocier d'autres conditions de travail. Leur activité n'est tout simplement pas assez lucrative pour leur offrir les prérogatives du travail. Sans être lucrative, peut-être est-elle cependant utile et nécessaire pour le collectif, ne serait-ce que pour les employés que certains d'entre eux ont et rémunèrent.

Quand il existe une rémunération, généralement le contributeur se trouve dans une des situations suivantes : il est son propre « employeur » (autoentrepreneur, chef d'entreprise, libéral, artiste, etc.) ou bien il a rejoint un projet de l'ESS comme une association, une coopérative, une Scop, etc.

Troisième critère : une motivation inconditionnelle

Est contributif ce que le contributeur effectue parce que c'est important à ses yeux. C'est ainsi que s'exprime la liberté de contribuer (troisième caractéristique). En conséquence, quand une rémunération existe, elle n'est pas le motif de l'activité contributive. Le contributeur effectue toujours son activité contributive parce qu'elle est importante pour lui. C'est ainsi que se manifeste la caractéristique de la liberté de contribuer.

> Personne ne ferait gratuitement de l'indexation pour le Mechanical Turk d'Amazon, qui rémunère ses travailleurs 2 dollars de l'heure, si ces 2 dollars n'étaient pas proposés. Faire de l'indexation à 2 dollars de l'heure, ce n'est pas de l'activité contributive. On pourrait sans doute dire la même chose des personnes qui participent à des essais cliniques ou des mères porteuses. Ce n'est pas de l'activité contributive.
> En revanche, les participants à des opérations de recherche citoyenne offrent de l'indexation avec plaisir et curiosité, et ce sans aucune rémunération. Par exemple, les Archives nationales proposent aux « internautes » et aux « bénévoles » d'indexer leur fonds[1]. Le service Patrimoine et Inventaire de la Région Centre-Val de Loire a lancé un « indexathon » pour enrichir ses 8 112 négatifs argentiques datant des années 1960-1970 et plus particulièrement pour identifier les 4 275 clichés qui sont encore inexploités[2].
> Ces indexeurs-ci sont des contributeurs. Leur motivation, c'est le projet auquel ils participent.

C'est également ce critère qui permet d'éviter toute ambiguïté entre le « travail au noir » et l'activité contributive. Aucun personnel d'entretien ne viendrait nettoyer votre maison si vous ne le payiez pas, même sans le déclarer.

1. Guillaume de Morant, « Lancement du blog Archives nationales participatives », *rfgenealogie.com*, 11 mai 2017.
2. Inventaire du patrimoine, « Indexation participative "Redécouvrir la Touraine" », *inventaire-patrimoine.centre-valdeloire.fr*, 20 mai 2022.

Plus largement, ce critère vient faire la différence entre une situation de travail et une situation d'activité contributive. À la différence de la France, tous les pays n'adossent pas au travail une protection et une propriété sociale[1], ni même un salaire minimum. Dans ces pays, le premier critère de rémunération absente ou incomplète ne permet absolument pas de faire la différence entre l'activité contributive et le travail. En revanche, le deuxième critère permet de trancher :

> Personne n'irait travailler dans un fast food aux États-Unis s'il n'y avait pas le salaire, aussi misérable fût-il.
> Ma belle-sœur à Montréal non plus ne travaillerait pas dans son poste de responsable administrative d'une congrégation si elle n'était pas payée. Pourtant, malgré la soixantaine d'heures hebdomadaires payées quarante qu'elle effectue, son employeur n'envisage pas de cotiser pour elle à la retraite.

Précisons que ce critère d'arbitrage entre en ligne de compte uniquement quand il y a rétribution. Quand il n'y en a pas, nous sommes de facto dans le non lucratif et dans l'activité contributive.

Un tunnel d'arbitrage

Ces trois critères permettent, en cas de doute, d'utiliser le « tunnel d'arbitrage » suivant pour déterminer si une activité relève ou non de l'activité contributive.

Un tunnel d'arbitrage pose des questions à partir de la mise en situation et non à partir de la théorie. Il transforme des critères axiomatiques en critères pratiques. Il permet de dissiper

1. La propriété sociale désigne toutes les mesures de soutien que le collectif met en place pour compenser la propriété privée et prendre le relais du salaire ou du patrimoine privé en cas d'accident, de maladie, de grossesse, de chômage et de retraite.

le flou et l'hésitation[1]. Il suffit de poser les questions dans l'ordre et de répondre pour déterminer si une activité relève ou non de l'activité contributive.

Figure 1.
Tunnel d'arbitrage pour déterminer si un domaine relève de l'activité contributive

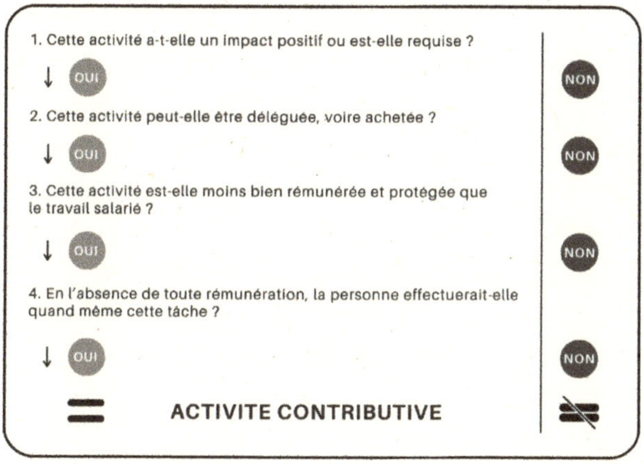

C'est à l'aide de ce système d'arbitrage que le périmètre de l'activité contributive, déjà cité dans la première partie, a été établi :

• le bénévolat formel au sens large : les bénévoles associatifs, les volontaires, les élus municipaux, le service civique ;

1. Le tunnel d'arbitrage présenté n'est pas absolu : il a vocation à devenir caduc. En effet, le jour où certains contributeurs seront reconnus, indemnisés et protégés, ils ne passeront plus ce tunnel d'arbitrage. Ils n'en seront pas moins des contributeurs ! Le tunnel correspond à la situation d'invisibilité actuelle.

- le bénévolat informel : la solidarité de proximité, les engagements environnementaux indépendants, les initiatives individuelles ou collectives non encadrées ;
- l'activité éducative, de *care*, domestique ou professionnelle opérée dans la sphère familiale ;
- la gestion, la création et la diffusion de communs au sens large : logiciels, contenus, ressources naturelles, habitats, territoires, etc. ;
- la participation citoyenne ;
- le travail gratuit du consommateur, notamment l'activité productrice de l'usager numérique ou *digital labor* (installations, dépannages, production de contenus et évaluations) ;
- l'activité professionnelle non solvable dans les domaines du patrimoine immatériel (culture, art, science), de l'environnement et de la transition, du sport, du social, du sanitaire, de l'humanitaire et de l'agriculture.

Reste à cartographier et à mesurer ce périmètre.

7
Cartographie de l'activité contributive des particuliers en France

Cette partie consacrée aux chiffres commence par une carte générale. Elle est suivie par un comparatif entre certains domaines de l'activité contributive et les filières lucratives qui leur correspondent[1].

Cartographie de l'activité contributive

Cette carte présente un certain découpage de l'activité contributive à partir de ses « formes » : le bénévolat, les instances citoyennes, le travail non lucratif, les regroupements informels, etc. L'explication de ces formes, la légende, est détaillée en Annexe 1.

Il pourrait y avoir d'autres découpages qui consolident autrement les chiffres de l'activité contributive : par domaine, par population, par territoire, etc. D'ailleurs, pour comparer l'activité contributive aux filières lucratives, comme je le fais

1. L'étude de référence présente tous les détails des calculs et toutes les sources (Lipsyc, 2022). Vous pouvez vous y rapporter si vous souhaitez vérifier les données que je présente ici, si vous souhaitez davantage d'informations, ou si vous voulez opérer d'autres calculs. Elle peut être téléchargée sur le site *contributive.org*.

ensuite, il est nécessaire d'utiliser des consolidations alternatives, car les domaines des filières marchandes s'appuient sur plusieurs formes. Par exemple, on retrouve « l'art et la culture » à la fois dans les formes « bénévolat », « volontariat » et « travail non lucratif ».

Figure 2.
Cartographie de l'activité contributive

SPHÈRE FAMILIALE
1 418 milliards €

Activité domestique	978
Aidants	266
Activité parentale	138
Activité grand-parentale	27
Activité paraprofessionnelle	8

ACTIVITÉ INDÉPENDANTE INFORMELLE
36 milliards €

Proximité	17
Digital labor	14
Recherche	5

TRAVAIL NON LUCRATIF
14 milliards €

Art/culture	6,5
Agriculture	6
Enseignement	1,5
Coopératives	0,1

REGROUPEMENTS INFORMELS
31 milliards €

Digital labor (réseaux)	30,5
Cohabitation	1
Communs, *open source*	0,5

BÉNÉVOLAT
51 milliards €

VOLONTARIAT
3 milliards €

INSTANCES CITOYENNES
2,6 milliards €

Élus locaux	2,4
Participation citoyenne	0,2

ACTIVITÉ CONTRIBUTIVE **1 557 milliards €**

Comparatifs entre l'activité contributive et les filières lucratives

L'activité contributive recoupe des domaines où il existe un marché et des filières marchandes lucratives. Il existe une filière lucrative du sport, de la culture, de l'éducation, de la prise en charge des personnes dépendantes ou handicapées, etc. Chaque domaine contributif a son pendant en termes d'offre commerciale.

Ce parallélisme est logique puisque tout ce qui relève de l'activité contributive peut être délégué, donc acheté. Il y a ainsi toujours une offre commerciale pour prendre le relais du contributeur. De surcroît, dans les domaines contributifs (art, culture, sport, *care*, sanitaire, agroalimentaire, etc.), l'activité contributive intervient généralement comme un soutien gratuit de la filière lucrative.

Examinons quelques domaines.

La filière numérique

En France, la filière numérique a créé 700 000 emplois en quinze ans[1] et représente un chiffre d'affaires de 56 milliards d'euros (Numeum et Syntec Numérique, 2021). Notre activité contributive numérique, elle, représente – au bas mot – 1,2 million d'emplois. À quoi correspond cette activité ? Elle concerne nos tâches d'installation, de réparation, de création de contenu, d'évaluation, etc. En termes de valeur, notre effort contributif représente, lui, 44 milliards d'euros, soit l'équivalent de 80 % du chiffre d'affaires de la filière[2].

Mais cette aide gratuite de 44 milliards d'euros n'est pas la seule que reçoit la filière numérique. Elle bénéficie aussi de milliards de subventions au travers du crédit d'impôt recherche (CIR)[3] et d'autres dispositifs. Si on additionne le tout, on peut douter de la solvabilité de cette filière. Surtout quand on

1. Bpi France, « 8 chiffres étonnants sur le numérique en France ! », *bpifrance.fr*. L'article n'indique pas de date. Les données 2018 annonçaient 693 943 emplois.

2. Nous avons déjà vu dans la première partie comment ce travail gratuit se faisait en réalité en faveur de l'industrie américaine et pouvait être considéré comme une nouvelle forme de colonialisme.

3. En 2020, le CIR représentait 6,84 milliards d'euros. Ministère de l'Enseignement supérieur et de la Recherche, « Crédit d'Impôt

sait que les entreprises du numérique ne vivent pas toujours de la lucrativité de leur activité mais de l'investissement qui leur a été accordé sur une base spéculative (l'espoir d'une « sortie », d'un rachat, avec profit).

Je ne remets pas en cause la nécessité et le bien-fondé de soutenir par des subventions et des investissements l'industrie numérique. Je pointe juste que la lucrativité de la filière n'est pas celle que l'on affiche. Pas d'industrie numérique sans l'activité contributive des particuliers, les aides de l'État et les investissements spéculatifs.

Le sport

Les entreprises françaises du sport réalisent 78 milliards de chiffre d'affaires[1], sans compter toute l'économie des droits de diffusion. Ces 78 milliards n'existeraient pas sans les 11 milliards d'efforts réalisés par les bénévoles du sport, qui représentent environ l'équivalent de 298 000 emplois à temps plein. Et le chiffre mériterait d'être revu à la hausse en intégrant le travail non lucratif d'une partie des sportifs qui n'a pas été pris en compte dans l'étude.

L'art et la culture

Le chiffre d'affaires de ce qu'on appelle l'économie créative s'élève à 91,4 milliards (Ernst & Young et France Créative, 2019). L'effort contributif des artistes, des bénévoles et des volontaires, s'élève quant à lui à 11 milliards d'euros, soit l'équivalent d'environ 346 000 emplois à temps plein.

Recherche : Études et résultats statistiques », *enseignementsup-recherche.gouv.fr*, 13 novembre 2023.

1. Enquête BPCE/L'Observatoire sur l'économie du sport, « La filière sport prend ses marques », *groupebpce.com*, février 2020.

Dans l'art et la culture, arrêtons-nous sur le secteur de l'édition qui n'existerait pas sans les auteurs qui ne sont pas rémunérés proportionnellement à leur temps de travail. Être édité est en soi la récompense.

L'édition

Le monde de l'édition française réalise 2,8 milliards[1] d'euros de chiffre d'affaires. À l'époque couverte par l'étude, l'activité contributive des auteurs professionnels représentait 52 millions d'euros. Il ne coûterait à la *filière* de l'édition que 52 millions d'euros pour assurer un SMIC et une protection sociale aux auteurs précaires édités qui se dédient à l'écriture. Le monde de l'édition ne s'est jamais aussi bien porté et les auteurs jamais aussi mal.

L'édition scientifique

L'édition scientifique constitue un secteur particulier. La publication fait partie du cycle de la démarche scientifique. Les auteurs sont des chercheurs qui sont censés être rétribués par leur organisme employeur. Pourtant, en France, on estime que 70 % des publications scientifiques sont produites par des doctorants et des postdoctorants non rétribués (Beaurenaut et al., 2020).

À titre indicatif, en 2018, en France, il y a eu 120 908 publications scientifiques[2]. Nous pouvons donc en déduire que, cette année-là, près de 85 000 articles ont été écrits, à leurs frais, par des chercheurs précaires qui souhaitaient construire leur légitimité et leur employabilité.

---

1. Syndicat national de l'édition, « Chiffres clés de l'édition », *sne.fr*, 7 juillet 2023.
2. « Classement des États du monde par nombre de publications scientifiques », *atlasocio.com*, 20 juin 2019.

Par ailleurs, il a été établi qu'un article publié dans une revue académique requiert environ 20000 euros en frais de recherches (Contat et Gremillet, 2015).

On peut donc en conclure que l'activité contributive de publication scientifique des doctorants et des postdoctorants *a une valeur* annuelle d'environ 1,7 milliard d'euros.

Ce chiffre est différent des autres que je présente à partir de la méthode du coût de remplacement. Il est construit à partir du coût de production moyen de l'objet. Or ce coût peut inclure autre chose que l'effort contributif des chercheurs, par exemple l'achat de documentation ou de fournitures. Au demeurant, il n'est pas bâti sur les principes de valorisation du temps d'activité du contributeur que j'ai utilisés dans l'étude sur la mesure de l'activité contributive des Français. Il mérite cependant d'être mentionné.

Les aidants

L'effort contributif des aidants s'élève à 266 milliards d'euros, soit l'équivalent de 7,3 millions d'emplois. Il faut s'arrêter sur ces chiffres. Prendre le temps de les lire.

> Il y a plus d'aidants qu'il y a de fonctionnaires en France (5,66 millions d'agents publics au 31 décembre 2020[1]).
> Il y a deux fois plus d'aidants qu'il n'y a de chômeurs en France[2].

1. Ministère de la Transformation et de la Fonction publiques, « Fonction publique – Chiffres clés 2022 », *fonction-publique.gouv.fr*, édition 2022.
2. Trois millions de demandeurs d'emploi inscrits à Pôle emploi en catégorie A en janvier 2023. Dares, « Les demandeurs d'emploi », *dares.travail-emploi.gouv.fr*, 28 décembre 2023.

Une autre chose doit absolument être soulignée concernant l'estimation de l'effort contributif des aidants. L'estimation habituelle s'élève à 11 milliards d'euros[1]. Soit vingt fois moins.

On a là une autre forme de donnée refoulée. L'information existe, mais elle est minimisée au-delà du concevable. Comment est-ce possible ? Quelle « prudence » peut aboutir à une telle désinformation ? Que peut-il bien se tramer dans nos inconscients pour que nous en venions à nier le réel à ce point ? Nous reviendrons sur cette invisibilisation systématique dans la conclusion.

À titre de comparaison, donnons le chiffre d'affaires de la filière silver économie qui se dédie aux seniors. Elle représente 130 milliards d'euros[2], soit deux fois moins.

L'éducation

L'éducation se fait à la maison. C'est un fait. C'est à la maison que l'on apprend à parler, que l'on construit son fonds patrimonial immatériel, que se constituent tous ces écarts que l'école républicaine arrive de moins en moins à compenser. Et, bien évidemment, les chiffres le retranscrivent. L'effort contributif des parents et des grands-parents correspond à 4,8 millions d'emplois à temps plein[3]. Cet effort représente 172 milliards d'euros.

---

1. Voir par exemple : « Les aidants toujours en mal de moyens », *Les Échos*, 15 avril 2021.
2. Bercy Infos, « Qu'est-ce que la silver économie ou économie des seniors ? », *economie.gouv.fr*, 14 novembre 2017.
3. Il y a donc moins d'éducateurs que d'aidants dans les familles de France.

Face à cet effort des particuliers, l'Éducation nationale a un budget de 55 milliards d'euros[1]. Si on prend en compte en plus le chiffre d'affaires du marché de la formation (23,5 milliards d'euros (DGEFP et al., 2023)) et celui des EdTech[2] (1,3 milliard d'euros[3]), on aboutit à un total d'environ 80 milliards d'euros.

Certes, élever ses enfants, ce n'est pas (seulement) une tâche requise. C'est la joie des moments partagés, c'est un relationnel vital et de l'amour. Mais ça n'en est pas moins une activité que l'on pourrait déléguer. D'ailleurs, certains le font quand ils en ont les moyens. Et d'autres décident de ne pas avoir d'enfant pour ne pas devoir assumer cette charge.

Avoir un enfant, pour une femme, reste l'assurance d'accumuler une charge d'activité contributive requise qui empiète sur sa carrière et son patrimoine, mais aussi sur son temps personnel, donc son équilibre et sa santé. Il y a d'ailleurs eu une hausse de ce qu'on appelle « l'infécondité volontaire » au cours du xxe siècle. Cette hausse semblait se stabiliser en France jusqu'en 2023, alors qu'elle continuait d'évoluer dans les pays d'Europe du Sud (Beaujoun et al., 2017). Le bilan démographique de 2023, publié par l'Insee le 16 janvier 2024, a cependant révélé que le nombre de naissances avait atteint en France un nouveau point bas historique en 2023.

1. La somme s'entend hors contributions aux pensions d'État. Ministère de l'Éducation nationale et de la Jeunesse, « Le budget et les finances du système éducatif », *education.gouv.fr*, 2021.
2. Les EdTech désignent la branche de l'industrie numérique qui est dédiée à l'éducation et à la formation.
3. Jérôme Fabry, « Étude filière Edtech 2021 : l'année du milliard, enjeux et perspectives d'une accélération inédite », *ey.com*, 16 mars 2022.

L'agriculture

L'agriculture contributive représente au bas mot 11,5 milliards d'euros. Le chiffre augmenterait si l'on avait la possibilité de connaître la réalité de l'activité familiale non déclarée, celle des épouses, mais aussi des parents et des enfants.

La filière agroalimentaire en France représente un chiffre d'affaires de 197,5 milliards d'euros[1]. Ce chiffre ne prend pas en compte le secteur agricole des producteurs fermiers qui commercialisent en vente directe, par exemple au marché. Il tient compte uniquement du secteur agricole qui vend ses produits à l'industrie agroalimentaire, par exemple le laitier qui vend son lait à Danone.

La filière alimentaire dans son ensemble, de l'amont aux différentes formes de distribution, représente un chiffre d'affaires de 650 milliards d'euros[2].

Face aux agriculteurs, nous sommes dans la même situation que face aux auteurs : leur activité contributive est absorbable par la filière dans son ensemble. Il serait possible de faire en sorte que chaque agriculteur touche un SMIC.

D'ailleurs, telle est évidemment la question qui se pose une fois que l'on constate, avec des chiffres, l'apport *productif* de l'activité contributive, le « mérite » du contributeur, sa participation à la création de richesse générale : qu'est-il possible de faire pour venir en soutien à l'activité contributive et au contributeur quand c'est nécessaire ?

Nous allons étudier des pistes d'action dans la prochaine partie et voir aussi quels sont les freins qu'elles suscitent.

---

1. Ministère de l'Agriculture et de la Souveraineté alimentaire, « Le panorama des industries agroalimentaires 2022 », *agriculture.gouv.fr*, 10 octobre 2022.
2. Chiffre de 2016 (Ania et al., 2017).

III

Et maintenant, que faire ?

Couvrir et découvrir. Deux mouvements inverses. Dans le premier, on cache autant qu'on protège. Dans le second, on révèle autant qu'on vulnérabilise. Ce qui est couvert n'est pas absent, n'est pas lointain, n'est pas nouveau, n'est même pas forcément ignoré. Il est juste occulté : oublié, embarrassant ou inacceptable, parfois même précieux. Découvrir, c'est voir. Voir enfin. Ou voir *malgré*.

Ici, j'ai dé-couvert l'activité contributive, je l'ai mise au jour, j'ai posé un éclairage qui permet de la voir au lieu de continuer à faire comme si elle n'existait pas. Je l'ai mise en lumière au lieu de la maintenir dans cette obscurité où nous stockons ce que nous préférons ne pas regarder parce que nous ne saurions pas quoi en faire, parce que reconnaître leur existence risquerait de bousculer ces automatismes de notre pensée que nous confondons trop souvent avec le savoir ou avec le bien.

Je ne condamne pas ces automatismes. Nous ne pouvons pas remettre en cause nos repères, nos échelles de valeur, nos cadres de référence et notre vocabulaire en permanence. À chaque fois que nous disons « démocratie », nous ne pouvons pas retracer toute l'histoire du terme, ni toutes les manières de la définir, ni même questionner son inspiration dans un système antique basé sur l'esclavage et sur l'exclusion de la citoyenneté. Nous avons besoin d'un minimum de stabilité lexicale et conceptuelle pour faire sens commun et faire monde ensemble.

Et puis il arrive des moments où les automatismes ne tiennent plus. Le décalage devient trop grand entre la réalité et la manière dont elle est pensée et énoncée. À quoi reconnaît-on ces moments ? Ils font mal. Ils ne font pas mal à tout le monde. Ils font mal à quelques-uns. Les autres s'en accommodent ou en tirent profit.

> Ne dites pas aux prélats de l'Église catholique du Moyen Âge que la Terre est ronde et qu'elle tourne autour du Soleil. Leur place centrale dans l'ordre du monde s'en trouve remise en cause.

Quand nous ne découvrons pas du *nouveau* mais quand nous dé-couvrons l'*ancien qui était couvert*, nous devons faire face à toutes les raisons qui ont mené à sa couverture.

Tel est le cas de l'activité contributive. Sa mise en lumière remet en cause bien des idées reçues en économie, en politique et en éthique. Pas seulement des idées reçues d'ailleurs : des constructions fondamentales, parfois même abstraites et complexes. Et pas seulement dans l'orthodoxie libérale : chez les marxistes ou chez les maussiens[1] aussi.

Et puis, mettre au jour l'activité contributive pose une question : maintenant que nous savons, que faisons-nous ? Que faisons-nous dans le monde tel qu'il est ? Quelles sont notre marge et notre possibilité de manœuvre ? d'action ?

1. Les maussiens renvoient aux héritiers de la pensée de l'anthropologue Marcel Mauss. Nous allons plus largement en parler dans la conclusion.

de transformation ? Pour quels effets et pour quels résultats ? D'ailleurs, existe-t-il une quelconque nécessité à agir ? Ce sont ces questions que nous aborderons dans cette troisième partie.

8
Soutenir le contributeur ou soutenir l'activité contributive ?

En ouverture de ce livre, j'ai cité des contributeurs réels. Certains d'entre eux ont connu ou connaissent encore des situations de précarité et redoutent ce que sera leur vieillesse, avec une retraite qui ne sera pas à taux plein.

> Pauline, auteure, a jonglé avec les aides sociales alors que ses livres étaient étudiés à l'université et qu'ils sont régulièrement primés par des jurys. Aujourd'hui elle a deux ans de répit grâce à une fondation.
> Adeline, 35 ans, éditrice d'une revue scientifique en ligne, doctorante, active dans de nombreuses associations et projets non lucratifs, vit grâce à l'aide de son conjoint et de ses parents, mais cela ne constituera pas une retraite.
> Aurélie, aidante et présidente diligente d'une association, se demande comment elle fera quand sa fille sera majeure et qu'une série des aides s'arrêteront. Elle sait déjà que sa retraite sera inexistante.
> Augustin, agriculteur, qui se « tuait à la tâche, parfois jusqu'à 4 heures du matin », pour « dégager 300 euros par mois pour deux », lui et sa femme, a fini par se suicider[1]. Il avait 31 ans.

1. Lina Rhrissi, « Mon mari, agriculteur surendetté, s'est suicidé à 31 ans : parlez de votre détresse ! », *neonmag.fr*, 21 février 2020.

Séverine et Jimmy ne se sont pas payés pendant les deux ans où ils ont animé un restaurant inclusif qui a apporté convivialité et solidarité dans leur quartier.
Gaël, membre de l'équipe de France de décathlon aux JO de Rio en 2016, n'avait même pas les moyens de remplacer ses chaussures de ville trouées. La moitié des quatre cent cinquante Français qui ont participé aux JO de Rio vivaient avec moins de 500 euros par mois[1].
Ariel, artisan et artiste, qui sauve le savoir-faire et les machines en disparition de la gravure et de l'imprimerie, qui édite des livres et des magazines magnifiques dans son atelier, se replie fréquemment sur le RSA et n'aura pas de retraite décente.

Je pense que vous pourriez vous aussi poursuivre cette liste. En fonction de votre milieu de vie, vous connaissez un nombre plus ou moins élevé de professionnels-contributeurs pauvres.

Combien sont-ils en France ? Quelle proportion de la population précaire est constituée de professionnels-contributeurs, des contributeurs qui ont fait le choix de se consacrer à l'activité contributive au lieu de rejoindre le travail salarié traditionnel ? La donnée n'existe pas encore. Il faut la construire.

C'est cette question-ci des professionnels-contributeurs précaires qui est la plus problématique. C'est cette question-ci qui a besoin d'être connue et débattue dans notre période de transition écologique et sociale, car cette transition ne se fera pas sans la participation engagée, militante et dévouée des contributeurs.

1. 6Medias, « JO : la moitié des sportifs français vivent sous le seuil de pauvreté », *Le Point*, 20 mai 2016.

Bien sûr, les contributeurs du quotidien[1] sont aussi confrontés à des problèmes.

Le travail du consommateur et le *digital labor* dégradent notre qualité de vie à tous.
La non reconnaissance de notre activité contributive requise dans la sphère familiale mène à une tension toujours plus accrue de l'articulation entre notre vie professionnelle et notre vie personnelle. Elle continue de pénaliser les femmes. Elle aboutit à des burn-out et à des dépressions.
Le transfert progressif de responsabilités jusqu'ici commerciales ou publiques sur la responsabilité personnelle nous accable tous de frais, d'obligations et de charge mentale.

Au-delà de l'individu, du contributeur lui-même, l'absence de reconnaissance et de soutien à l'activité contributive, notamment à la vie associative, crée également des crises sociales.

Depuis la crise financière de 2008, le financement du monde associatif a été amputé, mesure après mesure : fin des contrats aidés, fin des subventions de fonctionnement pour passer aux subventions par projet, disparition de l'ISF qui motivait les donations.
Quinze ans plus tard, en juin 2023, suite à la mort d'un adolescent lors d'un contrôle de police, la jeunesse qui n'était plus encadrée et soutenue comme auparavant par un maillage associatif dense s'est retrouvée dans la rue. Les « casseurs » avaient en moyenne 17 ans.
On chiffre le coût des destructions occasionnées lors de ces émeutes à 650 millions d'euros. Et il ne s'agit là que des coûts immédiats et matériels. Combien d'entreprises feront faillite suite à l'arrêt temporaire de leur activité, à

1. « Les contributeurs du quotidien » désignent ceux dont l'activité contributive ne constitue pas l'activité principale et relève de la sphère domestique.

> de mauvaises indemnisations, à la baisse de fréquentation ? Combien de jeunes verront leur parcours modifié à cause de leur participation à ces émeutes ?
> Même quand on ne pense qu'en termes comptables, il aurait coûté moins cher à la société de continuer à soutenir les associations.

Il faut en effet distinguer le soutien au *contributeur* du soutien à l'*activité contributive*. Le soutien au contributeur est dirigé vers la personne elle-même et le soutien à l'activité contributive est attribué à des organisations et à des projets non solvables. Ici, ce qui nous intéresse, c'est le soutien au contributeur, et plus particulièrement au professionnel-contributeur.

Certes, on pourrait dire : « Finançons l'activité contributive pour permettre aux structures de l'ESS d'employer les professionnels-contributeurs. Créons du travail dans les domaines contributifs et transformons les professionnels-contributeurs en professionnels-travailleurs. » C'est un discours qui a été porté notamment par des associations lors de l'enquête {contributive}.

Cette proposition est totalement en phase avec la « valeur-travail ». Comme nous l'avons vu, la valeur-travail place le travail au centre de l'organisation sociale. Le travail est la clé d'accès aux ressources, à la protection sociale et à la reconnaissance. Il est l'« activité princeps, celle qui définit l'identité individuelle et collective au plus haut point ». En latin, *princeps* signifie « qui occupe la première place » (Meda, 2008).

Reconnaître que le travail occupe la fonction princeps de notre société de marché est une analyse descriptive. Souhaiter que le travail soit l'unique voie d'accès aux ressources, à la propriété sociale collective et à l'estime, c'est une idéologie.

En conséquence, la proposition de financer des structures pour qu'elles portent – elles – les projets contributifs et qu'elles emploient le contributeur pour le transformer en salarié est une solution qui correspond au modèle social actuel et à ses valeurs. On ne touche à rien. On continue de faire comme si l'activité contributive n'existait pas. On reste dans l'exclusivité de la valeur-travail.

Et pourquoi pas ? Ne serait-ce pas la solution la plus simple et la plus acceptable ? Et, en conséquence, la plus efficace ? C'est ce que propose le magnifique dispositif Territoires zéro chômeur de longue durée (TZCLD).

9
Territoires zéro chômeur de longue durée, une solution ?

Présentation de TZCLD

TZCLD est une proposition en expérimentation depuis 2017 en France. Des contrats d'emploi à durée indéterminée (CDI) sont créés spécifiquement pour des personnes privées durablement d'emploi[1].

Ces CDI sont portés par des entreprises dédiées, dont c'est la mission : des entreprises à but d'emploi (EBE). Ils répondent à trois impératifs :

- les emplois créés correspondent aux compétences et aspirations de la personne recrutée ;
- le temps de travail est choisi par la personne employée ;
- l'emploi proposé ne fait pas concurrence à une offre commerciale ou publique en place dans le territoire.

---

1. TZCLD voit le chômage comme une exclusion et préfère utiliser l'expression « privation d'emploi ». La privation d'emploi peut prendre trois formes : privation totale (la personne n'a pas d'emploi), privation partielle (la personne ne trouve pas d'emploi à temps plein) et privation régulière (la personne n'a pas d'emploi à durée indéterminée, mais enchaîne plus ou moins régulièrement des emplois à durée déterminée).

Le dispositif TZCLD repose par ailleurs sur trois hypothèses fondamentales :

• premièrement, « personne n'est inemployable lorsque l'emploi est adapté aux capacités et aux compétences des personnes » ;

• deuxièmement, « ce n'est pas le travail qui manque car un grand nombre de travaux utiles, d'une grande diversité, restent à réaliser » ;

• troisièmement, « ce n'est pas l'argent qui manque » car la privation d'emploi coûte plus cher que la production d'emploi[1].

L'étude préalable au lancement du dispositif avait évalué, en 2017, le coût de la privation d'emploi à 43 milliards d'euros chaque année[2]. La proposition était d'utiliser ces 43 milliards pour créer des emplois.

Depuis 2017, TZCLD a été expérimenté dans dix territoires. En 2020, cinquante territoires supplémentaires ont été habilités à rejoindre l'expérimentation. C'est remarquable. On ne peut que saluer ce merveilleux dispositif et admirer l'ingéniosité, la persévérance, le dévouement et le talent politique de ses créateurs, en l'occurrence ATD Quart Monde. Une société et un pays qui parviennent à mettre en place un tel projet expriment des valeurs de solidarité et un désir de justice sociale dont nous pouvons être fiers.

Regardons maintenant le dispositif TZCLD à partir de l'activité contributive.

---

1. C'est ce troisième point qui a convaincu les acteurs publics de financer le projet. Et c'est ce troisième point qui donne lieu à débat dans les controverses autour de la mesure du dispositif.

2. Ce chiffre, cité par les créateurs de TZCLD, a été construit à partir de l'étude « réalisée par le cabinet Idea Consult pour le compte de la Fédération européenne des services à la personne et portant sur six pays européens » (Hédon et al., 2019).

Une intervention dans des secteurs non lucratifs

Les emplois créés par les EBE s'inscrivent dans des secteurs qui ont été reconnus comme non concurrentiels par un comité local. Ils ne doivent pas remplacer un emploi public ou privé existant ou pouvant exister. Il ne faudrait pas créer une situation de « concurrence déloyale » où un emploi classique céderait la place à un emploi aidé.

Les secteurs où l'EBE peut intervenir sont donc analysés par l'économie marchande comme insolvables et par la puissance publique comme externes à ses missions. En d'autres termes, cet emploi particulier est reconnu – localement – comme relevant de l'activité contributive : ni solvable ni public mais utile. C'est d'ailleurs ce que dit le deuxième fondement de TZCLD. Rappelons-le : « Ce n'est pas le travail qui manque car un grand nombre de travaux utiles, d'une grande diversité, restent à réaliser. »

En réalité, ce deuxième fondement ne parle pas du « travail » mais de l'activité contributive. Cela veut dire que les EBE déploient leur offre dans le champ qui généralement revient à l'activité contributive. Or les revenus des EBE ne relèvent pas intégralement des subventions. Les EBE doivent également générer un chiffre d'affaires à partir de leur offre. La part des subventions a d'ailleurs vocation à baisser et celle du chiffre d'affaires commercial à augmenter.

Il est donc attendu des EBE qu'elles transforment de *l'activité contributive non lucrative* en *activité à lucrativité limitée* relevant de l'ESS, en exploitant de manière commerciale un service qui n'a pas encore de modèle économique viable. Grâce aux subventions perçues, les EBE peuvent atteindre la solvabilité là où le marché non subventionné n'y arriverait pas. Bien évidemment, tel n'est pas leur objectif premier. Leur objectif premier, c'est de créer de l'emploi pour des personnes qui n'en ont pas.

Il existe également des associations qui ont pour but de créer de l'emploi, mais il s'agit toujours d'un emploi temporaire, en vue de l'insertion ultérieure de la personne privée d'emploi dans l'emploi traditionnel sélectif et concurrentiel. Ces associations-là apportent une expérience et un accompagnement qui mettent la personne privée d'emploi en capacité de *concourir*, d'être *sélectionnée* et de supporter les contraintes d'un emploi traditionnel.

En revanche, l'EBE n'est pas censée « relâcher » la personne privée durablement d'emploi dans l'*arène* du marché sélectif. Elle lui offre la sécurité d'un CDI. Ce n'est pas un répit : c'est un socle. Ce n'est pas un « dispositif d'insertion » : *c'est l'insertion en soi.*

Qu'est-ce que cela signifie ?

Cela signifie que la première des trois hypothèses du dispositif TZCLD, « personne n'est inemployable », est une hypothèse contredite par le dispositif lui-même. « Personne n'est inemployable » ne signifie pas que tout le monde peut trouver un emploi traditionnel, pleinement solvable, non subventionné, dans le marché concurrentiel et sélectif du travail.

D'ailleurs, une des trois spécificités des EBE est « l'embauche non sélective » (ETCLD, 2021). Cela veut bien dire ce que cela veut dire. Il faut l'entendre.

Dans le marché de l'emploi traditionnel et sélectif, tout le monde n'est pas employable. Être employable, c'est une question de capabilités. Les « capabilités » désignent l'ensemble des conditions personnelles, mais aussi sociales qui rendent possibles une situation.

Par exemple, pour me déplacer à vélo, je dois :
- être « valide » (condition physique) ;
- avoir un certain sens de l'équilibre (condition cognitive) ;

- ne pas être terrifié par la circulation routière (condition psychologique) ;
- avoir appris à faire du vélo, donc avoir eu quelqu'un dans ma vie qui a pris le temps de m'enseigner (qualification et accompagnement) ;
- avoir les moyens matériels de louer ou d'acheter un vélo (conditions matérielles), ou bien avoir accès à un vélo grâce à un dispositif d'aide (conditions sociales).

En plus, je dois aussi avoir le droit de faire du vélo (conditions politiques). Le film *Wadjda* (2012) raconte l'histoire d'une petite fille de 12 ans qui n'a pas le droit de faire du vélo parce qu'elle vit en Arabie saoudite où la bicyclette est interdite aux femmes.

L'ensemble de ces conditions forment les capabilités.

Les capabilités du travail

Au niveau personnel, les capabilités relatives à l'emploi traditionnel et sélectif sont en relation avec la santé physique, la santé mentale, le niveau de compétences métier, la capacité attentionnelle et ce qu'on appelle désormais les *soft skills*, les « compétences comportementales » relatives au savoir-vivre.

Les capabilités entrent en ligne de compte dans la possibilité de trouver un emploi, dans ce qu'on nomme l'*employabilité*. Parmi les capabilités du travail, et notamment parmi les compétences comportementales, certaines sont relatives à la capacité de supporter les jeux relationnels liés aux situations d'emploi. Parfois, pas toujours, les personnes privées durablement d'emploi sont aussi des personnes qui n'arrivent pas à supporter durablement la situation de privation de liberté qu'entraîne le travail[1].

1. Nous avons abordé cette question de la situation de privation de liberté qu'entraîne le travail en première partie, quand nous avons étudié l'opposition entre travail et temps libre.

Le sociologue Jean Baudrillard, dans *L'échange symbolique et la mort* (Baudrillard, 1976), parle d'une « logique du travail » comme « présence forcée » qui a pour objectif de faire entrer l'individu dans un « rituel » social, une « socialisation[1] ».

---

1. L'école a d'ailleurs tout autant pour mission de nous former que de nous habituer à supporter cette « présence forcée ». Un type de dressage. Un dressage qu'il faut parfois répéter, après l'école… Ainsi, le président Emmanuel Macron, interrogé au sujet de la résistance des Français à la réforme des retraites en 2023, a exprimé sa conviction que cette résistance n'était pas liée à la bonne réforme que son gouvernement proposait, mais au fait que certains éléments dissidents s'étaient *déshabitués du travail*, à cause du grand congé payé de l'époque covid. Ils avaient un peu trop pris goût à la liberté. Il fallait les « réhabituer », c'est-à-dire les *rééduquer*, reprendre le dressage : « On a eu des manifestants qui ont dit : "C'est pas la retraite le problème, on veut plus travailler du tout." Et on a cette crise dans beaucoup de pays occidentaux, on a beaucoup aidé au moment du covid. Et donc, tout s'est un peu déréglé, les référentiels. C'est aussi pour ça que c'est plus dur de convaincre qu'il faut de la responsabilité, parce que pendant plusieurs mois on a payé pour pas travailler, pour protéger le pays et… hhhh *(soupir accompagné d'un geste de la main consterné)*… on a trouvé d'autres équilibres… Et donc, le rapport au travail n'est plus le même, il faut le rebâtir et redonner aussi du sens au travail. » (Interview du président de la République Emmanuel Macron, 22 mars 2023, Journal de 13 heures, France 2, 30′28″)
Raccourcir les indemnités chômage, soumettre les aides sociales à des travaux d'intérêt public, durcir les conditions d'âge et de durée de cotisation pour accéder à la propriété sociale de la retraite sont des dispositifs pour forcer les récalcitrants à accepter la privation de liberté. Et malgré ces mesures coercitives, certains restent des irréductibles de la liberté. Ils ne sont pas réfractaires à l'activité. Ils ne sont pas réfractaires à la contribution. Mais ils ne parviennent à le faire qu'en pleine liberté, en choisissant leurs horaires, leurs tâches et leur production.

Cette suppression de liberté concerne de nombreux aspects de la condition de la personne en situation d'emploi :
- le degré d'obéissance qui est exigé ;
- le degré d'autonomie alloué dans l'exécution des tâches et dans le choix des objectifs ;
- l'attente de performance, de rendement et de productivité ;
- la confiance ou la suspicion avec laquelle cette personne est traitée ;
- la manière dont elle est reconnue dans ses efforts, c'est-à-dire dont elle est reconnue comme quelqu'un et pas comme un automate ;
- la possibilité ou l'impossibilité d'exercer une activité en relation avec sa vocation, ses convictions, ses talents, le « sens », etc.

Tout le monde ne supporte pas sur le long terme et de manière régulière cette privation de liberté, cette forme de socialisation par la subordination. Certains sont des irréductibles de la liberté. À tous niveaux de diplôme. Ils ne sont pas réfractaires à l'activité. Ils ne sont pas réfractaires à la contribution. Leurs horaires peuvent être bien supérieurs à ceux de la durée légale du travail ! Quand on est libre, on a tendance à ne pas compter. Mais ils ne parviennent à agir qu'en pleine liberté, en choisissant leurs horaires, leurs tâches et leur production.

Ainsi, pour diverses raisons liées aux capabilités du travail, il y a bien des personnes inemployables. Et le premier principe de TZCLD, « Personne n'est inemployable », ne signifie pas « tout le monde est capable de travailler dans le cadre de l'emploi » mais « tout le monde est capable de contribuer à sa façon ». Contribuer à sa façon, c'est faire de l'activité contributive.

TZCLD, un cadre pour l'activité contributive ?

TZCLD tente donc d'offrir un cadre à *de* l'activité contributive, cadre qui permette à *certains contributeurs* d'accéder aux mêmes droits qu'aux travailleurs.

Elle transforme l'activité contributive en travail en respectant la liberté du contributeur puisque la personne qui entre dans le dispositif choisit son temps de travail et intervient dans un poste qui correspond à ses talents et vocations. Toutefois, cela est vrai de la personne pour qui le poste est créé. Mais cette personne peut partir. Elle peut trouver un autre emploi, prendre sa retraite, mourir, déménager, souffrir d'addictions qui entravent complètement ses capabilités, être malade, etc. Elle peut aussi ne pas supporter la situation qui reste une situation de travail.

> Ainsi, au 31 décembre 2020, TZCLD avait permis à 1 004 personnes de sortir durablement de la privation d'emploi, mais 300 autres avaient quitté le dispositif sans retrouver un emploi ou sans raison incontournable de type déménagement, retraite, etc. Et 117 personnes avaient disparu sans qu'il soit possible d'avoir de leurs nouvelles (ETCLD, 2021 : 13).

Or quand la personne quitte le poste créé spécifiquement pour elle en accord avec le comité local et les règles d'absence de concurrence, ce poste est vacant tel quel. Il devient finalement un « emploi normal » pour la personne suivante qui doit le reprendre à l'identique. Ainsi, la situation d'activité contributive rémunérée et protégée est temporaire. Elle correspond au primo-entrant dans le dispositif.

D'ailleurs, tous les types de contributeurs ne peuvent pas entrer dans le cadre de l'activité non concurrentielle couverte et *vendue* par les EBE. Quel modèle monétisable pourraient-elles proposer au grand-parent, à un auteur qui écrit un spectacle et qui n'est pas payé au temps qu'il y consacre, à l'aidant, au maire de village ou au sportif qui s'entraîne ?

Les EBE sont des entreprises au modèle mixte et elles doivent faire du chiffre d'affaires. Il est d'ailleurs attendu d'elles qu'elles en fassent de plus en plus, et que les aides publiques diminuent. Qui peut dire qu'un gouvernement, un jour, ne viendra pas exiger des ratios, voir la solvabilité ? L'aide de l'État, d'ailleurs, a déjà diminué depuis la création du dispositif et les parties prenantes s'en inquiètent. Un arrêté publié au Journal officiel du 2 août 2023 a acté la baisse du financement de l'État de 102 % à 95 % du montant brut horaire du salaire minimum de croissance.

L'EBE fait partie de l'ESS, or il est attendu de l'ESS désormais qu'elle « performe ». Pourra-t-elle toujours être protégée de cette exigence ?

C'est pourquoi TZCLD n'apporte pas une solution à la problématique des professionnels-contributeurs. TZCLD apporte une solution aux *personnes privées durablement d'emploi* parce qu'elles sont inemployables par le marché sélectif, en transformant de l'activité contributive *potentielle* en offre marchande de l'ESS. TZCLD ne résout pas les problèmes des professionnels-contributeurs qui effectuent *déjà* de l'activité contributive *réelle*. Les personnes privées durablement d'emploi ne sont pas des professionnels-contributeurs, même si les deux populations sont hors emploi.

Les trois populations hors emploi

Nous pouvons en effet distinguer trois populations hors emploi de manière durable ou récurrente :

- les *personnes inemployables par le marché sélectif de l'emploi*, mais qui ont les capabilités requises pour s'inscrire dans un dispositif pérenne de travail (les personnes privées durablement d'emploi) ;

- les *personnes qui n'ont pas les capabilités requises* pour s'inscrire dans un dispositif de travail de manière pérenne (personnes en capabilité réduite de travailler) ;
- les *contributeurs* qui contribuent de toutes les façons, en dehors du marché du travail et à leur dépens (les professionnels-contributeurs).

Pour la première catégorie, les personnes privées durablement d'emploi, TZCLD est un dispositif extrêmement pertinent.

Pour les personnes en capabilité réduite de travailler, TZCLD n'est pas une réponse durable. Un socle social inconditionnel est indispensable. Et il est important de permettre à certaines d'entre elles une socialisation (non forcée) par l'accueil inclusif dans des dispositifs ponctuels de travail ou d'activité contributive.

Et pour les professionnels-contributeurs, la solution reste à trouver.

À moins qu'on ne résolve le problème de ces trois populations de manière unique et simple, avec le revenu universel.

10
Le revenu universel, *la* solution universelle ?

Présentation du revenu universel

Le revenu universel porte de nombreux noms et renvoie à de nombreuses propositions :

> Revenu garanti, revenu d'autonomie, revenu d'existence, impôt inversé (un crédit d'impôt en faveur des bas revenus), monnaie hélicoptère (une distribution directe de monnaie depuis une banque centrale vers les particuliers), salaire à vie (Bernard Friot), revenu contributif (Bernard Stiegler), revenu garanti (André Gorz), etc.[1].

Toutes ces propositions ne sont pas équivalentes. Toutes ne reposent pas sur les mêmes fondements politiques ou économiques. Toutes ne portent pas la même vision de la justice sociale. Et parfois elles ne concernent même pas la justice sociale. Toutes cependant s'accordent sur un point : il s'agit de verser de l'argent aux particuliers sans contrepartie, c'est-à-dire sans lien avec le travail.

1. Je rappelle que mon objectif est de positionner les propositions existantes par rapport à la problématique des contributeurs en difficulté. Il ne s'agit pas d'une étude sur le revenu universel.

Les divergences entre les différents types de revenu universel concernent ses bénéficiaires, donc la réalité de son « universalité ».

Doit-on verser ce subside à tous les particuliers ou seulement à ceux qui en ont besoin ? Faut-il allouer la même somme à tout le monde ou une somme progressive en fonction de la situation financière ?
Doit-on intégrer le patrimoine et les revenus du patrimoine dans la décision d'attribution ou uniquement les revenus du travail ?
Doit-on prendre en compte la situation individuelle ou la situation familiale ?

D'autres divergences sont relatives au mode de financement.

Comment finance-t-on ce revenu ? Par une nouvelle taxe spécifique sur les profits des entreprises ou sur les transactions financières ? Par une révision de la fiscalité des ménages ? Par une distribution directe de monnaies depuis la Banque centrale ?

Enfin, la dernière variable est relative au montant.

Quelle somme doit-on verser ? Les propositions oscillent entre, au niveau bas, l'équivalent d'un socle social minimal et, au niveau haut, un revenu suffisant pour couvrir les besoins premiers (logement, nourriture, transport).

La proposition d'un socle minimal vise à remplacer l'ensemble des aides sociales existantes cumulées, aides au logement et RSA. Ce revenu universel ne représenterait pas plus d'argent pour le bénéficiaire actuel des minima sociaux, mais sa simplicité permettrait de toucher les 40 % de personnes qui n'actionnent pas leurs droits[1]. Cela éviterait bien des coûts de gestion au demeurant. Une seule aide automatique au lieu de dix guichets différents : la rationalité comptable ne peut qu'approuver.

Quant à la proposition maximale, elle serait au niveau du salaire minimum, un salaire minimum versé à tous, un salaire minimum qui joue vraiment son rôle, celui de couvrir le coût réel de la vie, ce qui n'est pas le cas de notre SMIC actuel. Le SMIC actuel entraîne de fortes privations, parfois la pauvreté.

Bien évidemment, un revenu universel à la hauteur d'un SMIC aurait un effet sur le salaire minimum. Le travail le moins rémunéré, *c'est-à-dire bien souvent un travail pénible, ou désagréable, ou subissant cette forme insidieuse de violence sociale qu'est l'absence d'estime*, doit apporter un avantage pécuniaire. Le cas échéant, personne ne l'accepterait. L'existence d'un revenu universel aurait ainsi des répercussions sur les conditions du travail qui s'en trouveraient améliorées, et pas seulement financièrement.

Revenu universel et activité contributive

Seule la proposition maximale d'un revenu universel à la hauteur du SMIC pourrait constituer une *réponse fonctionnelle* à la précarité à laquelle sont condamnés les professionnels-contributeurs.

Une *réponse fonctionnelle* soulage les maux, elle ne résout pas les causes. Elle est comme le cocktail antidouleurs-antibiotiques que l'on avale quand on a une rage de dents :

---

1. Fabien Leboucq, « Est-ce que 40 % de personnes ne touchent pas les aides sociales auxquelles elles ont droit, comme le dit Mélenchon ? », *Libération*, 19 juin 2018.

il soulage, il désenflamme, il évite une suppuration nocive mais il ne soigne pas. Et c'est déjà ça. Personnellement, je préfère avoir des antidouleurs et des antibiotiques que subir une rage de dents.

> Dans ses vieux jours, quand, suite à sa vie d'aidante, Aurélie n'aura pas de retraite à taux complet, elle sera contente qu'il existe un dispositif de ce type.

Toutefois, le revenu universel « universalise » toutes les situations. Handicapés, retraités, personnes privées durablement d'emploi, professionnels-contributeurs et travailleurs pauvres sont traités de la même manière. Ce n'est pas un soutien à l'activité contributive et au contributeur. Ce n'est pas une reconnaissance de leur apport et de leur rôle. Ce n'est pas non plus une manière de stimuler l'activité contributive alors qu'elle est au cœur des enjeux de la transition.

Les défenseurs du revenu universel imaginent une spontanéité de la contribution dès lors que l'on se retrouve dégagé du chantage au travail. Parce qu'on serait libre de son temps, libéré de l'angoisse de la survie, *mécaniquement* on aurait envie de coopérer, de créer, de faire des choses utiles à tous, à la transition, à la démocratie, au vivre-ensemble.

> Oh, j'ai gagné du temps ! Je vais aller rendre visite aux personnes âgées de mon quartier, proposer à ma voisine qui élève seule ses enfants de faire du baby-sitting, je vais nettoyer l'escalier qui mène à ma rue, je vais regarder sur la plateforme *jeveuxaider.gouv.fr* si une association a besoin de bénévoles…

Non, malheureusement, dans les faits, ce n'est pas ce qu'il se passe.

Revenu universel, libération du temps et contribution

Ceux qui croient que la « valeur-contribution » est libérée dès lors qu'on libère quelqu'un du travail ou de l'angoisse matérielle confondent leur situation personnelle avec l'ensemble de la population. Eux-mêmes, défenseurs d'un progrès social, sont déjà impliqués dans au moins une cause : celle du revenu universel. Ils *sont* des personnes qui construisent leur identité autour de la valeur-contribution. Ce n'est pas le cas de tout le monde.

La preuve ? Nous avons gagné du « temps libre » par rapport à nos parents, à nos grands-parents et à tous les travailleurs depuis l'apparition du travail en tant que forme organisatrice de la société.

> Avant les régulations qui commencèrent au XIXe siècle, la journée de travail pouvait atteindre « 17 heures consécutives, avec très peu de jours fériés, pour les adultes comme pour les enfants ». Puis, progressivement, cette durée a été réduite : « de 5 000 heures de travail par an et plus en 1850, on est passé à 3 200 heures environ autour de 1900 » (Sue, 2020 : 165, 174), et à 1 402 heures en 2020[1].
> « Rapporté à la durée totale du temps éveillé, le temps de travail représente 70 % du temps de vie en 1850, 43 % en 1900, 18 % en 1980 » (Sue, 2020 : 175)… et entre 9 % (Sue, 2020 : 99) et 15 % en 2020[2].

1. Chiffres Insee 2021.
2. Julien Nguyen Dang, « Travaille-t-on vraiment seulement 15 % de notre vie, comme l'affirme le fondateur de l'Institut Sapiens ? », *francetvinfo.fr*, 11 janvier 2020. Dans cet article, le journaliste contredit le chiffre de 15 % qu'il présente et va jusqu'à 23 % car il introduit les temps de transport et l'activité domestique.

Que faisons-nous de ce temps libéré du travail ? Est-ce que nous contribuons davantage ? Un monde fraternel d'entraide et de solidarité s'est-il développé ? Est-ce que les associations ont vu les heures de bénévolat exploser ? Passons-nous plus de temps à nous occuper de nos aînés ? des enfants de notre entourage ? des voisins ? Non. Et ce n'est pas une critique. Nous faisons beaucoup de choses importantes avec ce temps libre. Par exemple, nous faisons davantage d'activité physique. Et on ne peut que s'en réjouir pour notre santé globale !

> « Au cours des dernières décennies, la pratique d'activités physiques et sportives (APS) s'est fortement démocratisée : 16 millions de personnes détiennent une licence sportive en 2020 contre 2 millions en 1950. Dans le même temps, elle s'est radicalement transformée, avec le développement d'une pratique autonome en dehors de toute structure. [...]
> En 2020, 65 % des personnes de 15 ans et plus peuvent communément être qualifiées de sportives ; elles déclarent avoir pratiqué au moins 52 séances d'activité physique et sportive au cours des douze derniers mois, hors balade, baignade et relaxation. » (Mainaud et al., 2022)

Nous avons aussi développé des loisirs créatifs, artistiques ou scientifiques.

> « En 2018, en France métropolitaine, 23,4 millions de personnes âgées de 15 ans et plus ont pratiqué en amateur au moins une activité de loisir créatif, artistique ou scientifique au cours des douze derniers mois. »
> Et si, en 2018, ces pratiques « s'essouffle[nt] par rapport à 2008 », c'est parce que « l'essor du numérique comme moyen de se former, de créer, de composer ou encore de diffuser ses créations contribue à redessiner le paysage des pratiques » (Mainaud et al., 2022).
> En effet, « un Français sur deux exerce désormais une activité d'auto-production créative utilisant le numérique »

> (Cardon, 2019). Encore plus si on intègre dans ces pratiques la publication de photos et de selfies sur les réseaux sociaux et messageries instantanées. Et pourquoi pas ? On peut considérer cette pratique des médias et des réseaux comme créative[1].

Mais s'agit-il vraiment d'un temps libéré du travail quand ces « pratiques créatives » sont désormais requises pour développer une attractivité professionnelle et sociale ? Quand notre employabilité ou notre succès commercial dépend de notre activité sur les réseaux professionnels ? Quand nous travaillons gratuitement au service de la filière numérique ou pour « booster notre e-réputation » ?

Et quand nous ne produisons pas du contenu pour entretenir la machine médianumérique qui avale notre vie pour la transformer en produits de divertissement ou de marketing, nous nous effondrons épuisés devant elle. Nous devenons à notre tour le consommateur de sa diffusion continue et tsunamique.

> À l'apparition des smartphones, j'ai refusé de prendre en photo ma vie, mon enfant, les moments riches et profonds, comme un acte de résistance. Je les écrivais, je composais

1. Mais il est également possible d'adopter un point de vue critique. Au niveau médical, nous pouvons comprendre l'autopublication compulsive comme une addiction. Au niveau psychologique, on peut y voir une épidémie délétère de narcissisme. Au niveau métaphysique, nous pouvons regretter le remplacement de l'expérience de l'instant présent par sa captation. Au niveau sociologique, nous pouvons questionner l'injonction à se mettre en scène en permanence et selon des critères précis esthétiques pour exister et être acceptés. Au niveau politique, nous pouvons dénoncer la colonisation de nos vies au profit de l'enrichissement des détenteurs des infrastructures médiatiques et au profit de la surveillance totale.

des « instantanés » en mots pour la mémoire. Je redoutais cet objectif qui remplace nos yeux, qui se place entre nous et l'autre, nous et le monde, pour créer une médiation qui supplante notre présence, présence de notre corps physique, et qui entrave notre ressenti, notre intériorité. Il me semblait que l'image ne servait plus ni nos vies ni nos mémoires, mais que nos vies étaient mises au service de l'image, une image-fantôme encore plus qu'une image-spectacle. Que pouvait-il en résulter ? Un vide intérieur, un vide ontologique, qu'aucun miroir narcissique ne pourrait combler.

Pour les mêmes raisons, j'ai aussi refusé de m'inscrire sur un réseau social, alors même que par mon métier je les connaissais depuis leurs balbutiements, avant leur propagation épidémique.

Et puis j'ai fini par céder.

J'ai moi aussi désormais un téléphone plein d'images. Je n'écris plus d'instantanés. Et je me suis inscrite sur un réseau professionnel en 2021. Ma capacité à fonctionner dans le monde en dépendait.

Et comme beaucoup d'entre nous, le soir, quand je suis fatiguée, quand je ne peux plus utiliser mes neurones pour lire, je me pose avec délectation devant une série. Et ce n'est pas parce que j'ai été abrutie par un travail idiot ni par des tâches imposées par un manager abusif. Je suis tout simplement fatiguée parce que j'ai vécu, bien vécu, richement vécu.

Alors je regarde de préférence des séries dans les langues que je souhaite entretenir ou apprendre, l'anglais, l'espagnol et le norvégien. Je me donne bonne conscience. J'espère en tirer quelque profit, une sorte d'apprentissage passif, ce qu'on fait de plus proche du fantasme généralisé d'apprendre par téléchargement de données, comme dans *Matrix*[1].

---

1. Ce principe très connu de l'univers Matrix des sœurs Cohen montre l'hybridation de l'homme avec la machine qui permet à l'humain de télécharger des connaissances directement dans son cerveau. Cette modalité d'apprentissage sans effort révèle notre

Mais il n'en reste pas moins que je fais comme la majorité de la population française, je suis devant un écran à avaler du contenu.

Les médias et les écrans occupent ainsi majoritairement notre temps libre. Les seniors, libres du temps de travail, passent aux États-Unis, onze heures par jour à consommer informations et divertissements devant les écrans[1].

En France, nous passons en moyenne chacun quatre heures trente[2] par jour, soit trente et une heures trente par semaine, devant l'écran de télévision, tous usages confondus, télévision, streaming ou jeu. On parle ici uniquement du « terminal » télévision. Il faut ajouter à ce temps le temps de divertissement, d'information ou de réseautage sur les autres terminaux : le téléphone portable, les tablettes, les consoles de jeux et les ordinateurs.

La plus grande partie de cette consommation écranique sur d'autres terminaux que la télévision est effectuée en étant connecté à internet. Nous passons ainsi en France, trente-trois

---

ambition technologique tout autant que notre fascination de la machine. C'est notre espoir en réalité : l'absence d'effort, l'automaticité de toute capacité, le devenir omniscient. Tout effort d'acquisition demandé est désormais vécu comme une violence par rapport à cet idéal. Se plier à cette dictature de l'absence d'effort par une « gamification » généralisée, une « attractivité » des apprentissages, une « pédagogie amusante » correspond à notre abdication au mythe fondateur du transhumanisme. Il n'en ressort pas davantage de savoir, ni de savoir-faire, ni davantage d'inclusion. Il n'en ressort que plus de technique.

1. Étude citée par Yaël A., « Seniors ou jeunes – Savez-vous qui bat le record de temps d'écran ? », *capretraite.fr*, 9 septembre 2019.

2. Étude Médiamétrie citée par Caroline Sallé, « Le téléviseur est devenu un écran à tout faire », *lefigaro.fr*, 19 janvier 2022.

heures trente par semaine sur internet pour des usages autres que professionnels ou administratifs (réseaux sociaux, streaming de vidéos et séries, jeux, recettes de cuisine, musique, recherches internet, shopping)[1].

Les deux chiffres, celui de la télévision et celui d'internet, se recoupent partiellement puisqu'environ 20 % du temps de télévision est connecté et une partie du streaming sur le téléphone portable ou l'ordinateur sert à regarder des programmes télé.

Peu importe le chiffre exact. C'est la tendance qui est éloquente. Le temps libéré n'est *effectivement* pas consacré à la contribution. Il est absorbé d'abord par nos écrans et par notre participation à l'industrie médianumérique du contenu.

Il n'y a aucune raison de parier sur une utilisation plus contributive de notre temps si nous nous offrons la sécurité du revenu universel, comme le fait par exemple Bernard Friot avec sa proposition de « salaire à la qualification ».

> La proposition d'un *salaire à la qualification* de Bernard Friot diffère du revenu universel sur le point de la « reconnaissance ».
> Le *revenu universel* est un « revenu », une sorte de dividende de la richesse globale, attribué à chacun. Il peut d'ailleurs trouver sa *justification* dans notre activité contributive.
> Le *salaire, quant à lui, à qualification* est vraiment un « salaire ». Il est versé à toute personne dès ses 18 ans. Il est aligné sur un SMIC revalorisé de 45 % environ.
> Ce salaire repose sur le postulat que nous avons des qualifications à mettre à contribution et qu'à ce titre, nous sommes rémunérés. Il reconnaît ainsi toutes les formes de compétences et toutes les formes de contribution.

---

1. Étude 2021 de Nordvpn : Ugnė Zieniūtė, « Combien de temps de nos vies passons-nous en ligne ? », *nordvpn.com*, 1er août 2021.

Avec le salaire à qualification, libre à chacun de décider comment, où et quand, il met ses qualifications à contribution. Bernard Friot abandonne le paradigme du « tout travail mérite salaire » pour proposer le paradigme du « tout salaire mérite travail ».
Selon lui, dès qu'on rend au travailleur la propriété et la maîtrise de ses outils de production, il s'organise spontanément pour faire ce qui doit être fait, et cela mieux que sous la contrainte du capital et de ses managers.
Ainsi, si nous passons de plus en plus de temps dans des activités addictives et non contributives, ce serait uniquement parce que notre condition de base est celle d'une oppression à évacuer. Il suffirait d'avoir des conditions de travail en autogestion où le travailleur est « souverain » ainsi qu'une éducation valorisant la contribution pour que le meilleur des mondes contributifs s'installe.
Bernard Friot qualifie ainsi les thèses qui prônent l'incitation d'« âneries anthropologiques[1] ». Selon lui, sans coercition ni incitation, dès lors qu'il y a autogestion, nous nous organiserions dans la spontanéité et l'allégresse pour faire le travail des éboueurs, des agents d'entretien, des aides-soignants, de gros œuvres, etc.
Peut-être pas au début, admet-il. Peut-être faudra-t-il le temps que tout le monde soit « éduqué » correctement, un peu de poigne collective, de socialisation, pour rappeler aux individus leur fibre participative…
Mais la poigne collective, c'est bien connu, c'est tellement plus doux et agréable que la poigne capitaliste. Et une fibre participative libérée, c'est tant de bonheur !
Le passage suivant d'un roman qui se passe en Pologne au début des années 1980 illustre bien ce mythe :
« — Bienvenue au camp d'éducation par le travail. […] Je vous félicite, vous qui vous êtes portés volontaires pour accomplir ce service essentiel.

1. Podcast *L'invité(e) des Matins*, « Et pourquoi pas la retraite à 50 ans ? », France Culture, 4 avril 2023.

> Les visages restaient impassibles, mais l'ironie de ses propos n'aurait pu échapper à personne. Le camp était obligatoire – personne ne pouvait obtenir le diplôme sans y avoir participé. » (Jedrowski, 2023 : 36)

Le revenu universel n'est pas une solution pour l'activité contributive

Je ne dis absolument pas que le revenu universel ne doit pas exister pour protéger les pauvres addicts que nous sommes de leur débauche numérique. Je ne prône pas la nécessité d'être productifs ou contributifs en toute occasion et je ne dénigre pas l'oisiveté. Vive l'oisiveté ! Vive l'inutilité. Je ne nie pas non plus l'instinct artisan[1], l'instinct contributif, l'instinct créatif ni les intérêts chimériques qui poussent certains à créer, à agir ou à coopérer.

Je constate simplement qu'en l'état, ce ne sont pas ces instincts qui nous permettront, grâce à la libération du temps, de nous adonner spontanément et de bon cœur aux activités contributives requises pour faire tourner le monde et transitionner vers d'autres modèles plus durables et équitables.

Et, bien évidemment, je ne suis absolument pas opposée à un revenu universel, tout au contraire. Je crois profondément qu'une société un tant soit peu empathique et rationnelle devrait permettre à chacun de vivre dignement, sans condition.

> Personne ne devrait être privé de logement, de l'accès à une alimentation saine, aux soins médicaux, à la représentation efficace devant la justice ni à l'éducation. Ce n'est ni la

1. L'instinct artisan est une notion développée par Thorstein Veblen, et les intérêts chimériques par Gaston Bachelard. À ce sujet, voir Lipsyc (2018 : tesselles 39 et 40).

> situation patrimoniale, ni la nationalité, ni la santé physique ou mentale, ni le « mérite » qui devrait conditionner cette dignité. Si le revenu universel contribue à quelque chose de cette justice sociale-là, de cette éthique collective, tant mieux.

Je dis simplement que le revenu universel n'est ni un outil d'inclusion, ni un dispositif qui améliore la cohésion sociale et le lien, ni un stimulant à la contribution, ni un levier pour mettre en place la transition. Et il ne résout rien à la problématique de la reconnaissance, du soutien et du développement de l'activité contributive.

Le revenu universel n'est pas une solution pour permettre au professionnel-contributeur de ne pas être discriminé par rapport au professionnel-travailleur. Il n'est pas une manière de déployer l'activité contributive dont nous avons besoin pour faire face aux crises écologiques, sociales et démocratiques qui sont les nôtres. Il n'est pas une manière d'apporter une reconnaissance symbolique ni des droits aux contributeurs que nous sommes.

Le revenu universel, s'il est mis en place un jour, si les idéologies ultralibérales qui façonnent actuellement l'économie globale l'adoubent, n'aura pas pour vocation la justice sociale, ni la promotion d'une société contributive, ni l'amélioration des capabilités individuelles en vue de l'accomplissement personnel. Il aura pour but de gérer la population superflue par rapport au travail salarié décent pour lui donner les moyens de consommer au niveau attendu. En d'autres termes, il servira la perpétuation du système économique et le maintien de l'ordre social.

Le revenu universel transformera les *personnes privées d'emploi* en *travailleurs gratuits du numérique* : travailleurs coproducteurs et consommateurs de l'offre de contenu. J'ai déjà cité Günther Anders qui qualifiait, dès les années 1950, le monde médiatique en construction de « fantôme » et de « matrice » (Anders, 2002 : 117). Il percevait, dans cette phase précoce de l'apparition de notre milieu médianumérique, que la « consommation et la production coïncidaient » et que « l'homme de masse », devenu un « ermite des masses », n'avait plus un « véritable vécu social ». Il devenait un travailleur à domicile des industries médiatiques.

> « [...] Devant chaque poste de radio, devant chaque récepteur de télévision [...], tout le monde est d'une certaine manière occupé et employé comme travailleur à domicile. Un travailleur à domicile d'un genre pourtant très particulier. Car c'est en consommant la marchandise de masse – c'est-à-dire grâce à ses loisirs – qu'il accomplit sa tâche, qui consiste à se transformer lui-même en homme des masses. »

Il pointait non seulement le « paradoxe » de la situation puisque le « travailleur à domicile au lieu d'être rémunéré pour sa collaboration, doit au contraire la payer ».

> « Il paie donc pour se vendre. Sa propre servitude, celle-là même qu'il contribue à produire, il doit l'acquérir en l'achetant. » (Anders, 2002 : 121-122)

Avec un brin de cynisme (ou pas), il serait possible de dire que le revenu universel rectifierait un peu ce travers et nous paierait pour notre activité de travailleur à domicile de l'industrie du divertissement... tout en nous donnant les moyens de continuer *à acheter* notre outil de travail (les abonnements, les terminaux, la connexion, les taxes).

Eh oui, en plus de cet entretien de la matrice médiatique, avec le revenu universel, nous éviterons peut-être la grande pauvreté. Mais ce sera une *externalité positive* du dispositif, un impact secondaire. Dans le discours, on le présentera comme l'objectif premier. Les foules seront mobilisées pour cette raison-ci. Mais en réalité, cette question sociale ne sera qu'une externalité positive. Et encore, ce n'est pas totalement certain.

Limites du revenu universel

Il reste à vérifier en effet si, dans l'hypothèse d'un revenu universel et inconditionnel versé à tous, ce flux monétaire n'aura pas un effet inflationniste qui annulerait ses bénéfices. Les avis divergent.

Et surtout, question autrement plus problématique, il reste à voir ce que nous arriverons *réellement* à produire et à mettre à disposition (l'économie réelle). Il ne sert à rien d'avoir un revenu universel s'il n'y a pas de logements abordables, ni de médicaments, ni d'eau potable, ni de places dans les écoles, ni suffisamment de personnel soignant, etc.

Non seulement le revenu universel ne résoudra pas ces problèmes, mais surtout il ne favorisera pas non plus la coopération en vue de mettre en place, ensemble, des solutions locales d'entraide et de production. Si le revenu universel est *le seul* dispositif déployé, il créera des individus isolés, shootés au divertissement, pris dans leur rivalité pour accéder à des ressources et à des services rares.

En conséquence, que pouvons-nous imaginer *en complément*, et non pas à la place, d'un socle social ou d'un revenu universel qui permette vraiment de soutenir le professionnel-contributeur en difficulté aujourd'hui, et qui soutienne l'activité contributive dont nous avons besoin pour la transition ? Que serait un « pacte contributif » ?

11
Un pacte contributif

Quelques précisions préalables

Le terme « pacte contributif » a émergé pendant l'enquête {contributive}. Il désigne un dispositif apte à résoudre les problèmes *actuels* des contributeurs qui œuvrent en dehors de la traditionnelle couverture du travail.

Il ne s'agit pas d'un outil au service de l'émergence d'une société contributive à venir, alternative à notre société marchande, ni d'un moyen de distribuer plus équitablement les richesses.

Il ne s'agit pas d'une réponse à tous les maux sociaux.

Il ne s'agit certainement pas d'un dispositif d'insertion qui viserait à conduire le contributeur vers le travail. Et il s'agit encore moins d'une forme de *workfare*, de travail d'intérêt général imposé aux personnes précaires qui sont soutenues par une aide sociale.

Il s'agit d'un instrument qui a pour objectif de soulager les difficultés que rencontrent *aujourd'hui* certains professionnels-contributeurs : l'accès à la retraite, aux congés maladie ou maternité, le droit au repos, la rémunération minimale.

Afin de bien comprendre ce point, rappelons les différentes populations structurellement hors emploi et faisons le point sur les propositions qui leur sont adaptées.

Typologie	Description	Dispositif adapté
Personne privée durablement d'emploi	Personne en capacité de travailler mais dont le marché sélectif de l'emploi ne veut pas	TZCLD
Personne en capabilités réduites de travailler	Personne qui n'a pas les capabilités pour s'inscrire dans un dispositif de travail de manière pérenne	Allocation sociale spécifique comme l'AAH (adultes handicapés)
Professionnel-contributeur	Personne dont l'*activité princeps* est contributive et non lucrative	Pacte contributif

Avant de détailler le pacte contributif, commençons par en brosser une première image opératoire simplifiée pour nous le représenter dans ses grands traits.

Les grands traits du pacte contributif

Le pacte contributif est un dispositif géré grâce à une plateforme numérique. Le contributeur y déclare son activité contributive.

En fonction de son statut (actif en emploi, actif sans emploi, retraité, adulte reconnu handicapé), de ses revenus (inférieurs ou supérieurs au SMIC), et d'autres critères relatifs au consensus social, le contributeur reçoit des indemnisations :

• financières (complément de revenus ou revenu à part entière) ;

• sociales (droits à la retraite, aux congés maladie ou maternité, accident du travail) ;

• en nature (par exemple des bons de mobilité, des chèques culture, des chèques services qui permettent de faire intervenir des aides à domicile, etc.).

Dans l'idéal, le contributeur inscrit dans le pacte contributif est couvert par un statut juridique qui établit ses droits. Mais le pacte contributif peut fonctionner indépendamment de l'existence d'un tel statut.

Le pacte ou *un* pacte ?

Il y a deux manières de penser la question du pacte contributif. Il est possible de concevoir un dispositif précis, de le décrire et de le défendre, ou bien il est possible d'en détourer les dimensions et les principes.

Bien que j'ai donné une image opératoire du pacte contributif pour en faciliter la compréhension, je me situe en réalité dans la seconde perspective qui me paraît plus fertile. Elle permet de ne pas faire une proposition unique face à laquelle la seule réaction est d'adhérer ou de s'opposer. Elle ouvre la possibilité d'élaborations communes. Elle permet des appropriations et des variations. Elle est la base de différents types d'expérimentations. Or, à ce stade, nous ne pouvons aspirer à rien de plus qu'à des expérimentations. Je ne prône certainement pas la création d'un dispositif public.

Lors de l'enquête {contributive}, nous avons réfléchi à ce que pourrait être un pacte contributif et nous avons même testé une plateforme de valorisation de l'activité contributive. Une discussion du forum en ligne et deux groupes de travail ont abordé la question : le groupe de travail juridique, présidé par Franck Morel, expert du droit du travail, et le groupe de travail économique, présidé par Pierre Valentin, expert de la finance durable. Le sujet a également été débattu dans les ateliers publics qui étaient dédiés à l'exploration des diverses manifestations de l'activité contributive (aidants, artistes, retraités, bénévoles, travail domestique, acteurs de la transition, etc.).

À partir de là, il a été possible de faire ressortir huit contours principaux pour un pacte contributif.

Les huit contours d'un pacte contributif

Premier contour : liberté d'adhérer

Tout d'abord, premier contour, le pacte est un « pacte » : il est librement consenti par un individu dans une réciprocité de responsabilité. Le contributeur s'engage dans une activité contributive et, en échange, un collectif lui garantit certains droits et avantages.

Le choix du terme « pacte » est venu en cours de route, pendant la préparation de l'enquête {contributive}, dans le dialogue avec les membres du collectif citoyen[1]. Au départ, j'employais le terme de « convention » qui donnait l'impression d'une systématicité. Le terme de « pacte » semblait relever davantage de la décision individuelle.

Cela veut dire que la « liberté » de contribuer, reconnue dans l'article 5 de la Première Déclaration des droits du contributeur, s'étend jusqu'à la liberté de *faire reconnaître et valoriser* ou de *ne pas faire reconnaître et de ne pas valoriser* son activité contributive. On peut contribuer sans s'inscrire dans un pacte, sans bénéficier de droits ni d'avantages.

Il semblerait que ce point d'un choix volontaire, libre et clairement exprimé de s'inscrire dans un dispositif de reconnaissance soit une condition d'acceptabilité. Pour l'instant, il faut que, par défaut, la contribution reste libre de toute forme de reconnaissance et de rétribution.

---

1. La proposition du terme est venue de la psychosociologue Danielle Rapoport, très attachée à la valeur « désintéressement » dans ses divers engagements.

Pour deux raisons. La première est la volonté viscérale de certains contributeurs, bénévoles associatifs ou proches aidants, de préserver le caractère *absolument désintéressé* de leur démarche.

> Ils font « don » de leur temps, de leurs efforts et de leur présence. Et la contrepartie de leur don, à leurs yeux, c'est ce don lui-même, cette possibilité de donner, d'être là, par humanité, générosité, conviction, devoir, morale, éthique, militantisme, amour, etc.
> Leur motivation profonde, c'est de participer à des relations sociales qui sauvent ce monde de son égoïsme, de sa compétition, de sa rivalité, de son absence de sens, de bonté, de solidarité, de l'extension du domaine de la marchandise, etc.

Pour maintenir la possibilité du « désintéressement », à leurs yeux, il faut pouvoir refuser toute contrepartie « intéressée ». Nous reviendrons sur cette question clé dans la conclusion car je ne partage pas ce point de vue qui, à mon sens, prend racine dans une compréhension erronée de la marchandisation et dans des mécanismes sacrificiels primitifs.

La seconde raison, c'est le refus du contrôle. Si l'on obtient des droits en tant que contributeur, il faut justifier à un moment donné de sa condition de contributeur. Il faut donc nécessairement déclarer son activité contributive. Le risque perçu est celui du contrôle total de la vie personnelle, avec des dérives potentielles totalitaires. L'exemple brandi en épouvantail est celui du « système de crédit social » chinois, le SCS.

> Dans la représentation collective, le SCS correspondrait à la forme moderne et technologique du dossier personnel que le régime communiste tient sur chaque individu, le *dang'an*. Entre les années 1950 et 1990, le *dang'an* ouvrait et fermait

les portes. On obtenait un poste ou même le droit de se marier ou d'avoir un enfant en fonction de son *dang'an*.
Contrairement à ce que l'on en dit, le SCS concerne actuellement davantage les entreprises que les citoyens. Il s'agit pour l'instant d'un système de *scoring* qui apporte des informations sur la fiabilité économique et commerciale d'une entité.
Au niveau des citoyens, il n'est pas unifié dans tout le pays. Il existe des expérimentations locales, dont certaines sont couplées à des pratiques de diffamation publique, de *shaming*, et de vidéosurveillance. Par exemple, à Suzhou, quelqu'un qui n'a pas attendu au passage piéton voit son visage exposé sur les écrans géants de la ville. Les personnes ainsi exposées ne perdent pas encore de points dans leur SCS. Toutefois, les divers experts français de la Chine estiment que cela devrait se produire tôt ou tard. Déjà, dans certaines régions et dans certains cas, la possibilité d'acheter un billet d'avion ou de train est reliée à son score.

La déclaration de l'activité contributive constitue-t-elle – *en soi* – un risque d'établissement d'une forme de contrôle social ou de notation sociale ?

La question est d'autant plus importante à poser que le 8 décembre 2023, l'Europe a voté un accord sur les limites à poser à l'intelligence artificielle et, dans cet accord, la notation sociale est listée parmi les applications interdites[1].

Un pacte contributif, bien intentionné au départ, pourrait-il finir par se retourner un jour contre les citoyens et leur imposer certaines conduites et certaines corvées ? Comment

1. Parlement européen, « Loi sur l'intelligence artificielle : accord sur des règles globales pour une IA digne de confiance », *europarl.europa.eu*, 9 décembre 2023.

distinguer le pacte contributif de la mécanique du *workfare* ou du contrôle social dans le plaidoyer politique ?

Deuxième contour : un statut juridique

À l'inverse, deuxième contour d'un pacte contributif, d'autres plaident pour un *statut juridique automatique* qui protégerait le contributeur. Il serait même possible, au lieu d'inventer un nouveau statut, de s'appuyer sur un statut existant, comme celui du volontariat, et de l'aménager.

Une situation médiane entre l'octroi automatique du statut de contributeur et l'absence de statut serait l'octroi du statut uniquement aux contributeurs inscrits dans le dispositif du pacte contributif. Qui sont-ils ?

Troisième contour : un pacte pour qui ?

Nous avons défini plus tôt trois catégories différentes de personnes qui ne s'inséraient pas dans l'emploi traditionnel : les personnes privées durablement d'emploi, les personnes en capacité réduite de travailler et les professionnels-contributeurs.

Le pacte contributif est avant tout un dispositif nécessaire pour venir en soutien aux professionnels-contributeurs et leur permettre d'exercer leur activité contributive avec les mêmes droits que les travailleurs.

> Les professionnels-contributeurs regroupent : certains aidants, agriculteurs, artistes, chercheurs, sportifs, élus ou citoyens impliqués dans des projets participatifs, porteurs de projets liés à la transition ou à l'humanitaire, ou à la cohésion sociale, etc.
> « Certains », ça ne veut pas dire « tous ».

Plus largement, le pacte contributif peut apporter des réponses aux besoins ou aux difficultés des autres contributeurs, ceux qui ne se dédient pas à l'activité contributive à

« temps plein »: les contributeurs du quotidien et les contributeurs engagés.

> Les contributeurs du quotidien désignent tous les individus dans leurs obligations de la sphère domestique. Sans être « aidant », on peut être parent isolé, parent d'un enfant dyspraxique ou avec un trouble de l'attention, soutien ponctuel d'un proche handicapé, etc.
> Les contributeurs engagés désignent les bénévoles « formels », qui participent à des associations, et les bénévoles « informels », qui soutiennent plus ou moins intensivement des projets sans passer par une association.

En ce sens, indirectement, le pacte contributif apporterait des solutions aux crises du monde associatif qui n'arrive pas à diversifier ni à renouveler son socle de bénévoles. Il pourrait être un moyen incitatif qui stimule le bénévolat ou l'engagement plus informel dans des projets d'utilité citoyenne, sociale ou environnementale.

En revanche, le pacte contributif n'a pas *vocation première* à résoudre les problèmes d'employabilité et d'inclusion des *personnes privées durablement d'emploi* ou des personnes en capacité réduite à travailler.

Quatrième contour: variabilité des rétributions

Nous venons de voir que la cible du pacte peut être diverse et que les rétributions du pacte s'adaptent aux besoins de chaque cible.

> Les professionnels-contributeurs ont besoin d'un revenu ou d'un complément de revenus et de droits sociaux.
> Certains contributeurs du quotidien peuvent avoir besoin d'un complément de revenus ou de droits sociaux, mais ils peuvent avoir désespérément besoin de chèques services pour être relayés dans leurs obligations familiales.

Certains contributeurs engagés comme les bénévoles pourraient simplement profiter d'avantages comme des « bons mobilité » ou l'accès à des équipements sportifs et culturels. Et quand ils sont à la retraite, peut-être d'un complément à leur retraite.

On peut redouter la complexité d'une si forte personnalisation du pacte contributif. Et c'est là qu'intervient le cinquième contour : le pacte contributif est un dispositif technique capable de gérer la variabilité des situations, en toute transparence. Il repose sur une plateforme.

Cinquième contour : une plateforme de valorisation de l'activité contributive

On peut imaginer différentes sortes de plateformes pour mettre en place un pacte contributif. Elles peuvent être envisagées par :

- territoire géographique ;
- domaine de contribution (sphère familiale, art et culture, sport, agriculture, science, vie citoyenne, etc.) ;
- type de contributeur (bénévole, bénéficiaire du RSA, retraité, aidant, etc.) ;
- porteur (un acteur public, une association, une entreprise, un syndicat, etc.) ;
- voire une combinaison de tous ces éléments !

De grandes entreprises pourraient également déployer leur propre plateforme de soutien à l'activité contributive.

Une plateforme d'entreprise pourrait accompagner ses employés seniors en transition vers la retraite. Au lieu de leur proposer un mécénat de compétences, l'entreprise leur permettrait de se dédier librement à l'activité contributive, sous toutes ses formes.

Une plateforme d'entreprise pourrait aussi venir en soutien aux contributeurs de son territoire ou de sa filière. Pourquoi pas une plateforme d'un grand acteur de l'agroalimentaire qui soutiendrait les agriculteurs ?
Enfin, une plateforme d'entreprise pourrait tout simplement compenser le travail du consommateur dont elle bénéficie au travers de l'activité de coproduction de ses clients et usagers. Ces plateformes pourraient rétribuer les contributeurs en monnaie traditionnelle (monnaie fiduciaire) ou avec leur propre monnaie.

Ici, il convient d'être attentif et de bien distinguer deux situations différentes : d'une part, l'entreprise qui décide – parce qu'elle se veut vertueuse – de rétribuer ses contributeurs ou ses usagers et, d'autre part, l'entreprise qui utilise la monétisation de l'activité des créateurs de contenu comme source de revenus pour elle-même.

Ce type de modèle économique basé sur la captation de la valeur produite par un créateur ou un travailleur n'a rien à voir avec le pacte contributif. Au contraire ! Il s'agit de la pleine expression de l'économie des plateformes.

L'économie des plateformes désigne des dispositifs numériques qui reposent sur des services ou du contenu produits par leurs utilisateurs, que ces utilisateurs soient des particuliers ou des entreprises.
Elles mettent en relation :
- des individus avec des tâches (Deliveroo, TaskRabbit, etc.) ;
- des vendeurs avec des clients (Uber, Airbnb, Vinted, Etsy, Amazon, eBay, Leboncoin, etc.) ;
- du public avec du contenu (YouTube, LinkedIn, Instagram, Twitter, TikTok, Wikipédia, Twitch, YouPorn, etc.) ;

- des personnes entre elles[1] (sites de rencontre, sites d'entraide, comme Entourage pour venir en aide aux personnes isolées en précarité, sites de dons comme Geev pour donner ou récupérer des objets ou de la nourriture) ;
- des personnes entre elles au travers d'un contenu interactif (plateformes de jeu).

Plus schématiquement, il est possible de les regrouper en deux catégories :

1. l'intermédiation entre une offre et une demande pour les rendre plus directes ;
2. la construction de communs au travers de la création de contenu par une communauté.

L'économie des plateformes est l'*économie type* de notre nouvel habitat médianumérique.

Actuellement, cette économie se construit au détriment de la qualité de travail et des droits sociaux, mais aussi au détriment de la protection des données personnelles et de la santé globale. Elle crée de nouvelles formes de précarité, d'exploitation, de colonisation et même de dysfonctionnements émotifs et relationnels. Elle met en place un « capitalisme de

1. On peut questionner qu'il s'agisse de mettre en relation des personnes entre elles. La majeure partie des interactions n'est pas une relation à l'autre, mais la participation à un flux ludique qui stimule les désirs et les émotions dans une sorte de monologue transformé artificiellement en dialogue. Le registre est celui du spéculaire, du miroir, car les profils suspendus dans le vide du catalogue et les échanges entretenus dans des conventions d'ordre divers sont des mises en mots et en images de soi dont nous sommes les premiers et les plus assidus spectateurs. En d'autres termes, le spéculaire narcissique se travestit en pseudo dialogique.

plateforme », un capitalisme qui en viendrait, selon certains auteurs, à prendre une forme de « techno-féodalisme[1] ».

> Ainsi, Amazon a racheté la plateforme de streaming Twitch en 2014. Le streaming désigne la diffusion de contenu vidéo en direct. Sur Twitch, les spectateurs expriment leur soutien ou leur appréciation aux créateurs de contenu par des émoticônes, ces hiéroglyphes modernes que nous utilisons pour transmettre nos émotions dans les messages numériques. Certaines de ces émoticônes sont payantes. Elles sont appelées *Cheermotes* ou *Cheers*. En anglais, *to cheer* signifie « encourager ». Nous connaissons tous les *cheerleaders* qui encouragent les équipes sportives. L'idée est la même.
> Les Cheers sont payants. Il faut les acheter avec la monnaie numérique d'Amazon : les *Bits*.
> Quand un spectateur « dépense » un Cheer pour réagir à du contenu, le producteur du contenu (le streamer) touche une commission en Bits. Les commissions sur les Cheers ne sont pas les seuls gains des travailleurs de Twitch. Leurs fans peuvent aussi leur offrir des cartes-cadeaux Amazon. Comme les Bits, les cartes-cadeaux constituent une forme de monnaie, car il existe des systèmes pour les échanger, les céder, voire les encaisser.
> Les streamers ont également des revenus classiques émanant de la publicité, du sponsoring et des abonnements. Certains d'entre eux sortent même de l'écosystème Amazon en renvoyant leur public vers des plateformes de donation ou vers d'autres plateformes de contenu sur abonnement comme Patreon ou OnlyFans. On a là parfois affaire à de vraies entreprises, pouvant employer des équipes entières. Mais les streamers prospères sont minoritaires.

1. Voir le livre *Technofeudalism. What killed capitalism* de l'ancien ministre grec de l'Économie Yánis Varoufákis, paru en 2023. Je reprends l'expression, même si je ne partage pas l'analyse de la fin du capitalisme.

> En 2021[1], 1 % des créateurs de contenu ont touché la moitié des revenus distribués sur Twitch, des sommes pouvant atteindre, pour les plus célèbres d'entre eux, un chiffre d'affaires mensuel à « six ou sept chiffres ». Face à eux, les trois-quarts des streamers qui gagnaient de l'argent avaient touché en moyenne 120 dollars. Ils étaient donc des contributeurs (sous-)rétribués au sein d'un écosystème clos qui bénéficie en premier lieu à son propriétaire privé, Amazon. En effet, la rétribution qui transite par les Cheers, par les Bits ou par les cartes-cadeaux, fait partie intégrante du modèle économique d'Amazon. Amazon commercialise les Cheers, augmente son volume de ventes au travers des cartes-cadeaux et perçoit des revenus financiers quand les streamers veulent convertir leurs Bits ou leurs cartes-cadeaux en monnaie réelle.
>
> Les cartes-cadeaux ne sont d'ailleurs pas utilisées seulement pour rétribuer les streamers de Twitch. Elles sont également le moyen de paiement pour la majorité des travailleurs qui interviennent sur la plateforme Mechanical Turk, en dehors des États-Unis et de l'Inde. Mechanical Turk propose du *crowdsourcing*, c'est-à-dire l'exécution de microtâches devant être réalisées en ligne par des humains (O'Dwyer, 2023).

L'exemple d'Amazon montre la visée tautologique de ces géants du numérique qui deviennent tout à la fois l'employeur sans responsabilité, le fournisseur principal, l'émetteur de monnaie, le banquier et le capteur du temps de vie au travers d'offres de divertissement.

Quand le capitalisme de plateforme propose des rétributions aux créateurs de contenu, c'est moins pour valoriser leurs apports que pour augmenter son propre profit et asseoir

1. Voir l'article du *Wall Street Journal* qui a analysé les données de Twitch qui avaient fuité en 2021 : Elliot Bentley, Kyle Kim, « Twitch streamer earning increase for top gamers, data from hack shows », *wsj.com*, 9 octobre 2021.

son monopole. Il est donc très important de faire la différence entre le pacte contributif d'une part et les plateformes commerciales du capitalisme de plateforme d'autre part. Il faut même faire la différence entre le pacte contributif et les plateformes de valorisation de l'activité contributive.

Il existe en effet actuellement des initiatives dédiées au soutien des contributeurs, notamment dans la ReFi, la « finance régénérative ». La ReFi vise à déployer un écosystème financier alternatif qui réponde mieux aux besoins de toutes les parties prenantes grâce aux cryptomonnaies[1].

> La plateforme Kudos Community est un exemple de projet ReFi qui s'intéresse aux contributeurs.
> Cette plateforme propose de faire une donation en cryptomonnaie aux créateurs dont on utilise le travail. Le cas d'usage qu'ils donnent pour illustrer leur concept concerne GitHub.
> GitHub est la plateforme principale de développement du logiciel libre. En 2022, elle a accueilli plus de 413 millions de contributions *open source*[2], or on estime que seulement 1 % des auteurs de ces contributions ont été rémunérés[3].

---

1. Les cryptomonnaies s'appuient sur la technologie de la *blockchain* qui correspond à ce que l'on nomme également la finance décentralisée ou DeFi (*Decentralised Finance*). De coutume, on oppose la décentralisation de la *blockchain* à la centralisation des plateformes. Néanmoins, les communautés qui se constituent autour des cryptomonnaies ou des projets de la ReFi (*Regenerative Finance*) disposent de leurs plateformes d'animation et d'échange... Et le dispositif en soi constitue une « plateforme », ne serait-ce qu'au sens de « dispositif ».
2. Jeremy Holcombe, « Principales statistiques de GitHub en 2024 (utilisateurs, employés et tendances) », *kinsta.com*, 14 avril 2023.
3. Source : *kudos.community*.

Ces initiatives de la ReFi sont intéressantes mais elles créent des économies alternatives : un monde à part pour la contribution et pour le contributeur. Elles n'intègrent pas le contributeur dans le consensus social et dans les protections qui le caractérisent. Or le problème du professionnel-contributeur, ce n'est pas seulement la rétribution, c'est l'intégration dans l'économie réelle et dans la propriété sociale.

> La propriété sociale désigne le filet de sécurité collectif que nous mettons en place pour prendre le relais de la propriété privée, quand nous ne sommes pas en mesure de « gagner notre vie » : maladie, chômage et retraite[1].

Ainsi, le pacte contributif repose obligatoirement sur une plateforme de valorisation de l'activité contributive, mais toutes les plateformes ne peuvent pas prétendre s'inscrire dans le dispositif du pacte contributif. Il y a des conditions. Et c'est pourquoi le pacte contributif pourrait dépendre d'un agrément.

Sixième contour : un agrément

L'octroi d'un agrément permettrait de faire la différence entre les projets de soutien aux contributeurs et les projets lucratifs liés au capitalisme de plateforme.

L'agrément serait également porteur du *consensus social* concernant l'activité contributive que nous décidons de soutenir au travers d'un pacte contributif. Il faut en effet distinguer l'activité contributive en tant que telle, dans sa globalité et sous toutes ses formes, et celle qu'un collectif décide de reconnaître et de protéger, à un moment donné, au travers d'un pacte.

1. Au sujet de la propriété sociale, voir Castel et Haroche (2001).

Nous avons déjà abordé cette question lorsque nous avons mentionné la réticence commune à considérer les tâches de la sphère domestique comme de l'activité contributive. Il n'y a pas de doute pourtant concernant leur nature contributive : elles sont impérieuses et si les particuliers ne les exécutaient pas gratuitement, quelqu'un d'autre devrait intervenir contre paiement. Pourtant, il est fort peu probable qu'un agrément les intègre dans la liste des activités pouvant ouvrir des droits et des rétributions. À ce jour, il n'y a pas de consensus social pour soutenir un dispositif qui pourrait être utilisé pour verser l'équivalent d'un salaire domestique. L'idée même agit comme un repoussoir qui bloque la compréhension ou l'adhésion au concept d'un pacte contributif.
Donnons un autre exemple.
Quand une personne exerce bénévolement une activité à dimension cultuelle ou « péricultuelle », c'est de l'activité contributive aux yeux de sa congrégation mais pas pour notre République laïque. Rien n'empêche d'ailleurs une congrégation de mettre en place sa plateforme privée de soutien à ses contributeurs. Toutefois, celle-ci ne serait pas agréée et ne s'inscrirait pas dans le dispositif du pacte contributif.

Ainsi, seules les plateformes agréées, couvrant des activités définies, pourraient mettre en œuvre le pacte contributif pour certains publics spécifiquement visés. Ces plateformes agréées seraient autorisées à valider l'éventuel statut juridique de contributeur et pourraient s'interfacer avec des accords plus généraux allouant des financements ou autorisant des exonérations.

Le fait de s'appuyer sur un agrément permet donc d'éviter une gestion centralisée du pacte contributif et de multiplier les plateformes, les initiatives et les porteurs. Quels pourraient être ces porteurs ?

Septième contour : le porteur du pacte

Au travers des différents exemples de plateformes, nous avons vu que le pacte contributif n'est pas une proposition de dispositif public, même si l'éventuel statut juridique de « contributeur » et les droits afférents relèveraient – eux – d'un agrément public.

La loi reconnaît le droit au travail et le Code du travail reconnaît des droits aux travailleurs sans pour autant que tout travailleur soit employé ni payé par l'État. De même, une loi d'expérimentation permet le dispositif TZCLD sans que celui-ci soit pour autant un dispositif public.

Un pacte contributif doit être envisagé de la même manière, mais, à la différence de TZCLD, il y a, au point d'interface avec les contributeurs, une plateforme et non pas un EBE. Et, tout comme en juillet 2023, il existait soixante-quatre EBE, il peut y avoir différentes plateformes portées par différents types d'acteurs : des associations, des entreprises, des consortiums et pourquoi pas des entités publiques.

> Voici quelques exemples.
> Une plateforme pourrait venir en aide aux aidants. Elle pourrait être portée par un consortium qui réunirait de grandes associations, des grandes entreprises et des mutuelles.
> On pourrait imaginer un dispositif à destination des auteurs, porté par un acteur comme la Société des auteurs et compositeurs dramatiques (SACD), La Ligue des auteurs professionnels ou même le Centre national du livre (CNL), et qui s'appuierait sur des financements en provenance des industries culturelles.
> On pourrait également tester un pacte contributif « vert » pour des porteurs de projets dédiés à la transition et qui seraient encadrés par une entreprise privée qui émet des

certificats d'économies d'énergie (CEE)[1], ce qu'on appelle un « délégataire d'obligation d'économies d'énergie ».
Un département pourrait mettre en place une plateforme qui permettrait aux bénéficiaires du RSA de valoriser leur activité contributive pour atteindre une rémunération équivalente au SMIC et cotiser à la retraite.

Porteur privé ou public, reste bien évidemment la question du financement. Qui paie ? Dans quel cadre ? Cette question constitue le huitième contour d'un pacte contributif.

1. Nous présenterons ce dispositif un peu plus loin. Les CEE sont achetés par des entreprises polluantes qui doivent atteindre des objectifs en matière de soutien aux économies d'énergie.

12
Le financement d'un pacte contributif

La question n'est pas : « qui paie les 1 557 milliards d'euros d'activité contributive ? » C'est une chose impossible dans l'économie de marché.

Le pacte contributif n'a pas vocation à « rémunérer » le temps dédié à l'activité contributive de tous les Français. Il a vocation à soulager les problèmes les plus importants des professionnels-contributeurs, de certains contributeurs du quotidien et de certains bénévoles.

À l'issue de l'enquête {contributive}, nous avons repéré quatre dispositifs financiers existants et éprouvés qui peuvent raisonnablement nous inspirer :

1. la redirection de fonds publics sur la base des coûts évités, comme dans TZCLD ;
2. la dispense de cotisation pour les aidants familiaux inscrits dans l'assurance vieillesse des parents au foyer (AVPF) ;
3. les paiements pour services environnementaux ;
4. les certificats d'économie d'énergie.

La redirection des coûts évités

La redirection de fonds publics sur la base des coûts évités est un concept qui a été développé et mis en œuvre par TZCLD. Nous l'avons déjà expliqué.

Le principe est simple : une personne privée durablement d'emploi coûte directement et indirectement de l'argent à la puissance publique. Au lieu de dépenser cet argent pour maintenir la personne dans la pauvreté et l'exclusion, mieux vaut le dépenser pour lui permettre de vivre dignement de son travail. Le coût est le même. Dans un cas, il sert juste à éviter le pire du pire, dans l'autre il donne une place et de la stabilité à la personne.

Les coûts évités ont été évalués à environ 18 000 euros annuels. Ils sont calculés à partir de ce que coûte la personne privée durablement d'emploi : ses allocations sociales comme le RSA, les divers frais d'accompagnement et de contrôle, certains coûts de santé, la TVA qu'elle ne paie pas puisqu'elle ne dépense pas, etc. Ils ne prennent pas en compte les effets sur la descendance. Or ils sont nombreux, car un enfant qui grandit dans la précarité rencontre des difficultés scolaires, sociales et sanitaires. En France, selon l'OCDE, il faut six générations pour sortir de la pauvreté (contre cinq dans les autres pays de l'OCDE en moyenne)… La même logique du coût évité pourrait s'appliquer au contributeur précaire et fournir une base du financement[1].

La dispense de cotisation

Actuellement, certains aidants proches peuvent bénéficier de l'AVPF. L'aidant bénéficie alors d'une affiliation gratuite à la retraite. Dans le calcul du montant de la retraite, ses trimestres sont pris en charge sur la base du SMIC. Les cotisations sont versées par les organismes qui paient les prestations familiales (CAF ou MSA).

1. En août 2023, un arrêté a acté une baisse du financement de l'État de l'expérimentation TZCLD. Dépendre de financements publics met toujours en danger d'un changement de politique et fragilise.

Tous les aidants ne bénéficient pas de l'AVPF. Il faut remplir certaines conditions. En 2023, soixante mille aidants en bénéficient. Les associations de défense des droits des aidants ne sont pas satisfaites des mesures actuelles et de celles à l'étude. Elles ne correspondent pas à la réalité de la majorité des aidants. Néanmoins, l'existence du dispositif crée un précédent d'affiliation à la retraite sans cotisation directe du contributeur. Nous pourrions étendre ce principe au pacte contributif.

Les paiements pour services environnementaux

Les paiements pour services environnementaux (PSE) rémunèrent des agriculteurs pour des actions contribuant à restaurer ou à maintenir des écosystèmes dont la société profite, par exemple la préservation de la qualité de l'eau, le stockage de carbone, la protection du paysage et de la biodiversité, etc.

Les PSE sont financés par les entités qui tirent des avantages directs de ces « services écosystémiques » : des entreprises, des individus, des associations ou des acteurs publics. Nous pouvons qualifier ces entités d'*Avantagés*.

La relation entre le financeur Avantagé et les agriculteurs qui interviennent sur le terrain peut requérir l'intervention d'*Intermédiaires*. Ceux-ci gèrent le dispositif, contrôlent le respect des engagements des agriculteurs, leur apportent un appui technique, etc.

Ce dispositif peut inspirer le pacte contributif car, comme nous l'avons vu, il est possible de comparer l'activité contributive aux services écosystémiques. L'activité contributive est une forme de service écosystémique *social* et non environnemental. Elle assure la stabilité de l'écosystème social, culturel et environnemental. Il serait donc possible de se tourner vers des Avantagés pour leur demander de soutenir le financement du pacte.

Donnons quelques exemples d'Avantagés.
Les mutuelles et les assurances tirent avantage de la prévention de la santé globale (physique et mentale) par l'existence d'un milieu sportif bien organisé, d'une offre associative de loisirs, du maintien en activité des seniors et des personnes privées d'emploi au travers de l'activité contributive, d'une socialisation dense qui vient en appui de la démocratie sanitaire.
Les entreprises du sport et les médias prospèrent grâce à l'adhésion du public. Le « goût » culturel qui mène à la consommation et à la création de produits culturels est développé grâce à l'activité contributive des artistes, des sportifs et des bénévoles. Les industries culturelles (édition, musique, médias) s'appuient sur une « ambiance culturelle » qu'elles exploitent à leur profit.
De façon plus générique, comme nous l'avons vu, *toutes les entreprises* peuvent fonctionner grâce à l'apport de l'activité contributive domestique et sociale. Pas de profit sans activité contributive. Elles sont toutes des Avantagées !

Les certificats d'économie d'énergie

Un certificat d'économies d'énergie (CEE) est un document émis en accord avec l'État. Il prouve qu'une action d'économie d'énergie a été réalisée. Le CEE représente une quantité d'énergie économisée.

L'unité du CEE est le « kWh cumac économisé ». Cette unité mesure la valeur financière de l'économie d'énergie réalisée pendant une heure d'utilisation d'un appareil de 1 000 watts.

Ce document n'est pas un simple certificat. C'est un outil financier. Une fois émis, il s'échange sur un marché. On dit que c'est un « bien meuble », comme une action cotée en bourse. Sur ce marché, il peut prendre ou perdre de la valeur.

Actuellement il en perd, car il y a plus de certificats en circulation que d'acheteurs.

Pourquoi existe-t-il un marché des CEE, des acheteurs et des vendeurs ?

Parce que certaines entités polluantes, comme les grands fournisseurs d'énergie ou les vendeurs de carburants, sont *obligées*, par la loi[1], de prouver qu'elles répondent aux exigences européennes en matière de réduction de la consommation d'énergie.

Pour le prouver, ces *Obligés* doivent acquérir des CEE. Il existe trois manières d'acquérir des CEE. L'Obligé peut mettre en place des mesures incitatives dans son offre. Il peut financer ou participer à des programmes de formation ou d'innovation éligibles. Et il peut les acheter à des prestataires qui ont mis en place des actions qui permettent d'économiser de l'énergie.

> Nous avons tous été démarchés par des entreprises qui proposent d'effectuer des travaux de remplacement de chaudière ou d'isolation pour 1 euro. Ces entreprises revendent des CEE à des Obligés pour financer les travaux.
> Mais on peut aussi citer BlaBlaCar, la licorne française de l'autopartage. Elle a financé sa croissance en partie grâce aux CEE.

On appelle les entreprises qui émettent et vendent des CEE des *Délégataires*. On pourrait imaginer des CEE qui financent des contributeurs qui se dédient à la lutte contre le réchauffement climatique. Une expérimentation pourrait construire un pacte contributif « vert » sur cette base. Mais nous pouvons aussi, tout simplement, être inspirés par l'idée de désigner des

1. En l'occurrence, le dispositif des certificats d'économies d'énergie a été instauré en 2005 dans le cadre de la loi POPE.

Obligés qui, par exemple, s'appuient un peu trop sur le travail gratuit du consommateur pour prospérer ou dont le modèle économique est nocif pour l'équilibre social territorial.

Parmi les obligés, citons :
Les GAFAM, les réseaux sociaux et les grands acteurs de l'économie numérique qui vivent grâce à notre *digital labor*, lequel génère du stress, vole notre temps libre et notre temps de travail. Leur essor s'accompagne au demeurant de la fragilisation, voire de la destruction de l'économie « présentielle » : le commerce de proximité mais aussi, tout simplement, les liens qui s'étiolent, les événements qui n'attirent plus de monde, etc. Les grands acteurs du numérique sont indéniablement des Obligés de l'activité contributive.
Les entreprises qui mettent en place un plan social ou qui font appel au temps partiel, aux contrats à durée déterminée ou à l'externalisation systématique ont également un effet délétère sur la société, lequel doit être compensé par de l'activité contributive.
Les industries culturelles et sportives, déjà citées, ne sont pas seulement des Avantagées. Elles sont aussi des Obligées puisqu'elles ne rémunèrent pas les artistes ni la majorité des sportifs à la hauteur de leur temps de travail. De plus, elles n'existeraient pas sans le travail des bénévoles. Aucune grande manifestation sportive ne pourrait se tenir sans bénévoles.

Obligés, Avantagés et Délégataires

CEE et PSE possèdent trois points communs :

1. des entités interviennent pour financer un besoin écosystémique (l'Avantagé dans les PSE, l'Obligé dans les CEE) ;
2. l'action en faveur de l'écosystème est réalisée par un acteur de terrain (l'agriculteur dans les PSE, l'artisan de la rénovation dans les CEE) ;

3. il existe un tiers qui gère la mise en liaison entre le financeur et l'acteur de terrain (l'intermédiaire dans les PSE, le Délégataire dans les CEE).

Cette même construction pourrait être appliquée au financement du pacte.

1. On peut identifier des Obligés et des Avantagés qui interviendraient dans le financement du pacte. L'État serait un Avantagé et reverserait les coûts sociaux évités. Mais l'État ne serait qu'un Avantagé parmi les autres.

2. Le contributeur est l'équivalent de l'acteur de terrain. Il agit en faveur de l'écosystème social ou environnemental.

3. La plateforme servirait d'intermédiaire entre les financeurs, les contributeurs et les besoins du terrain. Elle serait une « plateforme d'intermédiation et de valorisation de l'activité contributive ».

Les Obligés et les Avantagés achèteraient des « certificats de contribution » aux plateformes agréées. Les plateformes rétribueraient et accompagneraient les contributeurs qu'elles gèrent.

Obligés et Avantagés pourraient valoriser leurs certificats contributifs dans leur *reporting* durabilité pour améliorer leur performance sociale et environnementale.

> Le *reporting* durabilité est une forme de comptabilité des entreprises. La comptabilité traditionnelle – ou *reporting* financier – donne à voir la performance économique des entreprises.
> Le *reporting* durabilité, quant à lui, donne à voir la performance sociale et environnementale des entreprises.

Les attentes sociales sont telles actuellement que les organisations ne peuvent plus se contenter d'être lucratives. Elles doivent montrer ce qu'elles font vraiment en faveur de la nature et de la société. Elles se doivent d'être contributives.

> Une entreprise contributive ne se contente pas de faire le minimum prescrit par la réglementation ou de compenser les dégâts qu'elle occasionne par son activité. Elle recherche également à participer à l'intérêt général au-delà de son modèle d'affaires.
> C'est ce que mesure un type particulier de *reporting* durabilité, le « bilan contributif ».

Il en va de leur modèle économique même, de leur possibilité de recruter, de vendre, de fonctionner. Acquérir des certificats, pour elles, relèvera de leur attractivité, donc de leur pérennité.

Acheter des certificats de contribution pour soutenir des plateformes agréées sera un moyen simple, efficace et crédible de prouver leur apport contributif et d'agir au plus près de leurs collaborateurs et de leurs clients.

Il n'en va pas seulement de la bonne volonté des entreprises. Nous connaissons une évolution des réglementations européennes et des normes comptables internationales qui obligent les entreprises à rendre des comptes sur leurs efforts et leurs résultats en matière de durabilité[1]. Leurs financements publics et sur les marchés en dépendent. Les certificats de contribution les aideront à atteindre les objectifs réglementaires et normatifs. Ainsi, les certificats de contribution ne seraient pas un impôt. Il ne s'agirait pas d'une taxe supplémentaire. Il s'agirait d'un outil financier qui permettrait aux entreprises et autres organisations d'améliorer leur performance sociale et environnementale. C'est une manière de penser la participation privée à l'équilibre collectif hors des

1. La réglementation européenne relative au *reporting* durabilité est la CSRD, votée en décembre 2022. Les normes comptables internationales sont les IFRS S1 et S2, dont les premières versions ont été émises en 2023.

logiques traditionnelles. S'ouvre un nouvel imaginaire politique et économique très pragmatique, en phase avec la réalité sociale et réglementaire.

Le risque à éviter

La référence aux CEE fait craindre la spéculation autant que l'effondrement. Comme nous l'avons vu, le CEE est un « bien meuble », c'est-à-dire un actif financier qui se vend, qui s'achète et qui a un cours. Quand l'offre de CEE dépasse la demande, le cours s'effondre.

> Calquer un certificat de contribution sur ce modèle financier serait cynique et pervers.
> Les contributeurs seraient maintenus à un niveau de rémunération minimal tandis que les intermédiaires s'enrichiraient; le système cesserait de fonctionner si les bulles explosent[1] ou bien encore le revenu octroyé dépendrait du cours du certificat…

Alors, comment éviter ce risque ? Il faut tout simplement que le certificat de contribution sociale et environnementale, au contraire du CEE, ne soit pas un bien meuble, c'est-à-dire qu'il ne soit pas un objet de spéculation. Il ne faut pas créer un « marché » des certificats. Sur cette base, il est possible

1. Avec le dispositif actuel des CEE, on assiste à une baisse drastique de la valeur des certificats. Il en ressort que les aides apportées aux particuliers pour faire des travaux d'isolation ou de transformation de leur système énergétique ont considérablement baissé. Auparavant, les CEE permettaient de rembourser environ 80 % des coûts, désormais ils couvrent à peine 40 ou 50 %. Un marché des certificats de contribution ferait courir le risque d'un revenu contributif qui chute de moitié, dépendant d'une espèce de cours de bourse.

d'envisager un soutien décentralisé et adaptable à des situations contributives diverses.

Et on ne le répétera jamais assez : soutenir l'activité contributive et le contributeur, ce n'est pas étendre les processus de marchandisation. Soutenir et rétribuer, rendre possible, rendre viable : ce n'est pas marchandiser.

Conclusion
Au-delà de la marchandisation

Marchandise et marchandisation

Marchandiser : transformer un bien, un service ou une relation en marchandise. Le transformer en quelque chose qui a un prix et que l'on obtient contre un paiement.

Rappelons-nous l'exemple de Jean qui avait des patates dans son jardin. S'il les vend, il les transforme en marchandises. S'il les mange ou s'il les offre à une personne affamée, il ne les transforme pas en marchandises.

Quand Jean vend ses patates, il ne transforme pas seulement ses patates en marchandises. Il transforme en marchandise tout ce qui a permis à ces patates d'exister : son temps de vie passé à les produire et les autres intrants (les graines, ses instruments, l'usage de son terrain, l'eau de l'arrosage, etc.)[1].

La marchandise n'est pas la pomme de terre en tant qu'aliment. La marchandise est un élément du système marchand dédié au profit monétaire : le système lucratif. Elle en est

1. Dans le lexique de Marx, on parle de « travail vivant » pour l'activité de Jean et de « travail mort » pour les autres apports, car ces autres apports sont issus d'un travail préalable qui est comme fossilisé, emmagasiné en eux.

l'élément final : celui qui permet de réaliser la marge, celui qui enrichit le vendeur. Quand elle est vendue plus cher qu'elle n'a coûté, la marchandise crée le profit, le surplus de valeur. Elle rend *réel* le profit : elle le fait passer du *potentiel* au *réel*, elle l'« actualise ». La marchandise est donc le support du profit : elle l'incarne.

Quand nous désignons une chose en tant que marchandise, nous sous-entendons le profit et l'ensemble du système lucratif.

La marchandise n'existe pas sans un acheteur. Elle est aussi un signe qui indique la place de son acquéreur dans la société.

> En fonction de son statut social, on n'achète pas et on ne mange pas la même pomme de terre. Ce n'est pas seulement une question de goût personnel déconnecté de tout contexte. Le goût est éduqué par son milieu. Et certains goûts sont réservés à ceux qui peuvent se les offrir.

La marchandise a ainsi une place dans l'ensemble des marchandises. Cette place porte une signification : elle indique quelque chose du milieu social de l'acheteur.

Quand nous désignons une chose en tant que marchandise, nous sous-entendons le statut social qu'elle désigne, qu'elle octroie et qu'elle acte pour son acquéreur.

Mais la transaction n'est pas seulement le moment où se manifestent dans le réel les places sociales. C'est également le moment où est transférée la propriété. La marchandise existe parce que le système lucratif marchand repose sur la notion de propriété. La propriété de la marchandise s'appuie sur le contrat de vente, lequel est protégé par la loi et par le pouvoir de l'État.

Quand nous désignons une chose en tant que marchandise, nous sous-entendons une organisation sociale qui repose sur la garantie et la validation de la propriété et de la contractualisation par la loi et par l'État.

Enfin, la marchandise est l'objet de la consommation. La consommation s'inscrit dans un mode de vie, d'utilisation des choses, d'interaction avec les autres et avec son environnement. Derrière le mot « consommation », par proximité sonore, est évoqué son faux jumeau, la « consumation », ce qui brûle, ce qui est détruit.

> Dans l'acte de consommation, un monstre avale et ne laisse rien, aucune satisfaction durable, aucune reconnaissance de l'histoire de l'objet ou de l'autre. Au-delà de nos besoins réels, nous engloutissons une marchandise puis une autre dans une succession qui efface l'importance et la singularité.

Rien n'existe *en soi* dans la consommation. Tout est *interchangeable.* Le consommateur lui-même est un être passif qui ingurgite à l'infini sans en retirer de lien, de sens ni de *satiété.* Le consommateur est seul, il vit pour lui-même, il est un individu *égoïste et autocentré.*

Quand nous désignons une chose en tant que marchandise, nous sous-entendons les trois attitudes d'interchangeabilité, d'insatisfaction et d'égocentrisme du consommateur.

Certes, la marchandise a également (parfois) une fonction utilitaire[1] : la pomme de terre nourrit aussi. Mais cette éven-

1. La question de « l'utile » est vaste et elle occupe les économistes depuis que les sciences économiques existent. Dans leur sillon, elle occupe aussi les philosophes, les sociologues et les anthropologues. L'ornemental est très utile puisqu'il répond à des besoins premiers

tuelle fonction utilitaire n'est qu'un prétexte à sa fonction en tant qu'élément du cycle lucratif, du système d'assignation sociale, de la grande machine à consumer[1] et du rapport d'appropriation. Ainsi, l'intervention de l'argent dans un processus

---

de démonstration d'un certain ordre social. L'esthétique est très utile puisqu'il apporte une transcendance qui semble être aussi vitale que la nourriture. Tout élément symbolique qui assure la cohésion d'une société trouve son utilité pour ceux qui en bénéficient. Le sacrifice humain était utile à la société inca et à ses membres, moins aux captifs sacrifiés.

1. Dans la littérature du xxe siècle qui traitait de l'explosion de l'industrialisation et des médias de masse (radio, télévision, cinéma), la marchandise était également considérée comme le symbole de « l'homme de masse ». Le thème (le topos) de l'« homme de masse » se retrouvait abondamment chez les philosophes allemands comme Hannah Arendt, Günther Anders, Max Horkheimer, Theodor Adorno et Walter Benjamin. Non sans raison : ils avaient été les témoins du nazisme et le problème central de leur génération était de comprendre ce phénomène totalitaire. Ils le reliaient à l'absorption de l'individu dans la masse. Pas d'aura pour la marchandise, juste une reproduction homogénéisante. Pas de fabrication humanisante, pas d'individuation pour l'ouvrier. Pas de consommation active pour son acquéreur. Sévissaient un abrutissement et un asservissement général dont la marchandise était le signe et l'agent.

Il me semble que la notion d'homme de masse doit être revisitée aujourd'hui. Les médias de masse ont laissé la place aux médias interactifs et sociaux. La marchandise est « customisée », démassifiée… en masse. La marchandise est singularisée en « identités », des identités « différenciantes » qu'elle acte. Ces identités renvoient cependant à des communautés, autrement dit d'autres types de masses, des masses atomisées. Je mets toutefois de côté, ici, cette question de l'évolution de l'homme de masse et de son rapport à la marchandise à l'époque médianumérique. Le thème est important, mais ne relève pas de notre étude sur l'activité contributive.

social ne suffit pas à lui seul à « faire marchandise ». Il faut certaines conditions pour que paiement et marchandisation soient liés. Et vice-versa : l'absence d'argent ne préserve pas de la marchandisation.

Les esclaves noirs américains n'étaient pas payés. Pourtant, leur travail dans les champs de coton était marchandisé puisque leur activité avait pour but d'enrichir leur oppresseur.

Donnons un autre exemple, relatif à notre sujet, l'activité contributive.

Quand, avant d'accéder à un service numérique, nous perdons temps et patience devant un CAPTCHA qui nous demande de reconnaître des objets dans une image pour prouver que nous sommes des humains et pas des robots, en réalité, nous sommes en train d'indexer des images qui nourrissent les corpus utilisés par des algorithmes d'« intelligence artificielle ». Nous aidons une entreprise, en l'occurrence Google, à faire du profit.

Il est estimé que les internautes passent globalement environ cinq cent mille heures par jour à cette tâche ! Eh oui, deux cents millions de personnes par jour qui remplissent un CAPTCHA, ça fait cinq cent mille heures de salaire économisé pour Google par jour[1]. Nous n'avons pas touché un centime et pourtant nous sommes dans un processus de marchandisation de notre temps de vie.

L'argent et la marchandise ne sont ni identiques ni indissociables. « Défrayer » et « marchandiser » ne sont pas des synonymes.

Cette différence entre « défrayer » et « marchandiser » est oubliée, ou plutôt ignorée, par ceux qui croient qu'indemniser des contributeurs au travers d'un pacte contributif nous mettrait en « péril de marchandiser le lien et l'humain ».

1. Morgane Tual, « Petite histoire des "Captcha", ces tests d'identification en pleine mutation », *lemonde.fr*, 9 février 2016.

Dans une simplification extrême, pleine de belles intentions, les dénonciateurs de l'extension du domaine de la marchandise sont en fait dans le déni qu'aucune force productrice n'échappe complètement à la marchandisation dans notre société capitaliste. Quand un service n'est pas payé, il alimente gratuitement le cycle lucratif global à son insu et à ses propres dépens. C'est tout aussi vrai pour les services écosystémiques naturels que pour les services écosystémiques humains.

« Ne pas toucher d'argent[1] » ne positionne pas en dehors du système global lucratif.

« Ne pas toucher d'argent » est *une* des positions possibles dans le système. Une position qui ne préserve pas du processus global de marchandisation. Une position qui peut s'avérer extrêmement désavantageuse.

Cela ne signifie pas pour autant que notre vie n'est qu'un vaste mécanisme de marchandisation. Mais échapper à la marchandisation est un état d'esprit, une attention, une éthique du rapport à soi, aux objets et aux autres. Ne pas marchandiser le lien, c'est par exemple refuser l'interchangeabilité des êtres ou développer son empathie. Ne pas marchandiser les objets, c'est ressentir de la satisfaction, résister à l'achat compulsif et apprécier une certaine frugalité, adopter le recyclage, garder longtemps ce que l'on utilise, aimer la sobriété, etc. Échapper à la marchandisation, ce n'est pas priver des individus d'une indemnisation.

1. Le verbe « toucher » est très intéressant. Il s'agit vraiment, comme nous le verrons, de ne pas « toucher » ce qui corrompt, par risque de contamination.

Marchandisation passive et marchandisation active

Si l'esclave et le contributeur apportent tous les deux gratuitement leur force au cycle lucratif, ils ne sont toutefois pas dans la même situation. L'esclave est contraint par la violence, le contributeur jouit d'une certaine liberté. Comme nous l'avons vu, la liberté du contributeur est parfois totale : le contributeur contribue parce qu'il en a envie et parce qu'il le peut. La contribution est un choix de bout en bout. On parle alors de « liberté positive ».

> Par exemple, le bénévole dans une association exerce une liberté positive. Il choisit d'intervenir dans une association, il choisit l'association qui l'intéresse, il est en capacité physique, mentale et matérielle de mener sa mission et de libérer du temps.

Toutefois, la liberté du contributeur est parfois restreinte : le contributeur n'agit pas sous contrainte externe mais il n'a pas le choix. Il ne peut pas faire autrement. On parle alors de « liberté négative ».

> Par exemple, quelqu'un fait sa vaisselle même quand il n'en a pas envie, s'il n'a pas de machine à laver et s'il n'a pas la possibilité de la faire faire par une autre personne.

Néanmoins, malgré leur condition radicalement différente au regard de la liberté, esclave et contributeur partagent une même situation : ils sont l'un et l'autre dans une attitude de marchandisation passive.

Ils n'ont pas décidé *intentionnellement* de fournir un service en vue de gagner de l'argent eux-mêmes, en vue de générer du profit pour quelqu'un d'autre ou en vue de participer à la grande entreprise lucrative. L'esclave cherche à sauver sa peau. Le contributeur réalise la tâche qui lui semble nécessaire, requise ou souhaitable. C'est malgré eux qu'ils s'inscrivent dans le cycle lucratif et que leur apport est absorbé par la Grande Machine Automatique à Profit.

Le travailleur, quant à lui, n'est pas dans la même posture de marchandisation passive que l'esclave ou le contributeur. Le travailleur *vend* sa force productive. Il transforme son temps de vie en argent. Il travaille *en vue* de gagner de l'argent[1]. Alors bien sûr, certains ont le privilège d'aimer passionnément leur métier et d'y accomplir des tâches où ils expriment leurs idéaux et leurs potentiels. Ils ne travaillent pas uniquement *en vue* de gagner de l'argent mais aussi *au nom* de ce qu'ils font. Sauf que…

Sauf qu'en l'absence de rémunération, voire d'une rémunération généreuse, ils ne feraient pas ce travail. Ils diraient : « Ah, c'est génial ce projet ! J'adore ce poste. Mais bon, non merci. J'ai besoin d'un salaire. Et si possible d'un bon salaire. » L'intention première du travailleur, son intentionnalité, *c'est* de gagner de l'argent. Il sait qu'il s'inscrit dans le cycle lucratif. Il sait qu'il en profite ou qu'il en pâtit. Il y connaît sa place.

Le travailleur est en conséquence dans une situation de marchandisation active[2].

Comme le travailleur, l'esclave connaît sa place dans le système lucratif. Le contributeur, lui, ne la connaît pas. Il vit dans l'illusion de fonctionner dans une sphère à l'écart de la marchandisation, la sphère préservée du « don ».

---

1. C'est ce que la philosophie marxienne nomme « travail abstrait ».
2. Et c'est pour cela qu'il est très ironique, voire tristement comique, de constater que le premier article de la Déclaration de Philadelphie de l'Organisation internationale du travail (OIT) statue que « Le travail n'est pas une marchandise »…

Le discours sur le don

Le *discours* sur le don, sur sa beauté et sur son importance, est très prégnant dans la sphère du bénévolat et chez certaines populations de contributeurs. Et ici, dans cette conclusion, c'est ce *discours* sur le don qui m'intéresse parce qu'il influence le sort que l'on réserve aux contributeurs. Dans mon travail d'épistémologue qui cherche à comprendre les dispositifs sociotechniques, je m'appuie en effet sur l'analyse des discours[1].

Ici, je vais donc détailler et décortiquer le discours sur le don et sur ce qui est présenté comme son opposé, la marchandisation. Je ne vais pas développer un état de l'art académique de l'opposition « économie marchande/économie du don ». Je ne vais pas défendre la validité de cette opposition. Je vais contextualiser le *discours* sur le don et la marchandisation. Je vais en retracer l'origine idéologique. Je vais le critiquer.

Le *discours* sur le don, et non pas le don en soi, est mon terrain d'étude.

La marchandise et le don

Pour analyser le discours sur le don, revenons à Jean et à ses pommes de terre. Que dit-on de lui ?

Quand il ne vend pas ses pommes de terre, il est censé donner la vie, à lui-même ou à d'autres. Il la donne sans échange d'argent, sans enrichir personne : ni lui, ni un patron, ni un actionnaire. Il est dans le don. Dans ce don passerait quelque chose de lui-même et s'exprimerait une relation. Il y aurait

1. Je décris ma méthode d'analyse des discours dans l'introduction du « Désir d'être humain » (Lipsyc, 2018).

ainsi deux manières de faire circuler son *énergie créatrice*[1] : marchandiser et donner. Et il y aurait deux « supports » à ces attitudes : la marchandise et le don.

Ces deux modalités établiraient des sociabilités différentes : d'un côté celle du marché où l'on se met d'accord au travers d'un contrat de vente qui s'exécute dans toute l'iniquité des rapports de force et, d'un autre côté, celle de la réciprocité où l'on installe un cycle de don et de contre-don. À ces deux types de sociabilités correspondraient deux économies : l'économie marchande et l'économie du don.

Cette vision actuelle qui oppose le régime de la marchandise et le régime du don s'inspire des travaux de l'anthropologue Marcel Mauss et notamment de son ouvrage culte, *Essai sur le don*, paru en 1925. L'anthropologue David Graeber qualifie cette ligne de pensée de « néo-maussienne ».

En France, elle a beaucoup d'écho, notamment au travers des travaux d'Alain Caillé qui a fondé le Mouvement anti-utilitariste en sciences sociales (MAUSS). MAUSS est une revue mais aussi un courant de pensée. Le monde associatif français est profondément influencé par le courant anti-utilitariste dans lequel il reconnaît ses valeurs.

L'anti-utilitarisme s'oppose à l'utilitarisme qui fonctionne sur le postulat d'un homme mû principalement par la recherche égoïste de ses intérêts matériels, un homme qui opère ses choix à partir du calcul de la maximisation de ses gains et de la minimalisation de ses efforts. L'homme égoïste, maximisateur et rationnel de l'utilitarisme est *Homo œconomicus.* Il sert de modèle aux théories économiques classiques dominantes.

1. J'emprunte l'expression d'énergie créatrice à David Graeber et à sa théorie anthropologique de la valeur (Graeber, 2022).

Les anti-utilitaristes ne nient pas la place de la recherche de l'intérêt dans les comportements humains. Ils n'ont pas une vision naïve de l'humain « bon, charitable et mû uniquement par l'Amour ». Ils ne sont pas « an-utilitaristes ». Cependant, les anti-utilitaristes ne réduisent pas la motivation de « l'action humaine et sociale » à la satisfaction des « intérêts de survie et de possession » (Caillé et al., 2002). David Graeber résume ainsi la vision néo-maussienne de l'opposition « économie du don/économie de marché » :

> « Les économies du don tendent à personnifier les objets. Les économies marchandes, comme la nôtre, ont au contraire tendance à chosifier les êtres humains. » (Graeber, 2013 : 70)

Les économies du don personnifient les objets parce que le don emporte quelque chose de la personne qui donne, de son histoire, de ses qualités, de la relation établie lors du don. Les économies marchandes chosifient les êtres humains parce qu'elles transforment leur force créatrice en marchandise. La doctrine anti-utilitariste oppose ainsi deux logiques : la *logique de réification* propre à la marchandise et la *logique humanisante* propre au don.

Réification et aliénation

Réifier : transformer en chose, en objet. Soit on est un objet, soit on est un sujet, un humain.

Le concept néo-maussien de *réification* de la personne dans la marchandise est le pendant du concept marxiste d'*aliénation*. L'aliénation marxiste désigne un processus de déshumanisation, de perte de sa puissance et de sa singularité de sujet, au travers de l'intégralité du processus lucratif. L'aliénation prend place à chacune des étapes du cycle : travail, circulation (transaction), consommation.

Dans la division du travail, le travailleur est réduit à une tâche et dépossédé des fruits de son labeur, tant dans la perception et la compréhension de l'ouvrage final que dans le profit généré. Il devient étranger à lui-même en devenant aveugle à sa production.

> L'image la plus connue de cette aliénation est celle de Charlot à l'usine, pris dans les rouages d'une machine sans bien comprendre ce qu'il fait ni ce qui lui arrive. La philosophe Simone Weil, qui a connu le travail à l'usine, décrit fort bien ce phénomène d'aliénation de soi dans la cadence qui force le corps et l'esprit, dans cette atomisation de l'activité qui prive le travailleur de toute gratification d'accomplissement.
> Désormais, dans nos organisations post-fordistes, l'ouvrier et le travail à la chaîne ne sont plus les modèles du travail. L'aliénation n'en est pas moins présente. Preuve en est cette réclamation de « sens au travail » qui partout s'élève.

Dans le second moment du cycle lucratif, la transaction marchande, tout est anonymisé par l'argent qui uniformise les choses en les ramenant à leur valeur étalon. Ne reste que l'argent. Les agents en tant que sujets et les objets en tant qu'histoires disparaissent.

> Pour comprendre ce mécanisme-ci d'aliénation, il faut se rapporter à un état antérieur que nous n'avons pas connu. Ce n'est pas simple. Il faut imaginer un monde où les objets gardaient quelque chose des mains entre lesquelles ils avaient circulé et où l'échange se faisait tout autant pour établir un lien avec l'autre que pour répondre à un besoin.
> L'expérience qui s'en rapproche le plus pour nous, c'est l'héritage d'un objet de famille. Par exemple, j'ai une soupière de ma grand-mère en porcelaine de Betschdorf. Je n'aurais jamais acheté une soupière en porcelaine de

Betschdorf, et encore moins dans cette couleur écru un peu sale.
Mais cette soupière a été acquise avant la Seconde Guerre mondiale, quand la famille de mon père n'avait pas encore été décimée par les nazis. Une époque qui débordait de joie de vivre et de prospérité. Ma tante Marianne racontait ses histoires de jeunesse dans des années 1930 exubérantes, quand elle flirtait avec le mime Marceau à Strasbourg.
D'ailleurs, quand ma tante Marianne a vu que j'avais la soupière de sa mère, elle a essayé de la récupérer. J'ai feint de ne pas comprendre et je l'ai gardée. La soupière s'est augmentée de toute l'ambiguïté de ma tante à l'égard de la famille de son frère qui avait épousé une pied-noire. Je n'y tenais que plus encore. Avec cette soupière, j'affirmais ma légitimité contre ses préjugés et ses petites remarques irrépressibles. J'étais moi aussi une ashkénaze, petite-fille de sa mère, quoi qu'elle en pensât.
Avant l'anonymisation de l'argent, tout objet aurait donc été riche de ce type de transmission, de récit et de rapports humains.

Enfin, dernière étape du cycle marchand, dans la consumation insatiable et insensée de la consommation des marchandises, nous épuiserions notre possibilité humaine de sens et nous deviendrions la gueule de cet ogre géant qui avale pour mieux continuer à produire, qui détruit toutes les ressources au seul profit du profit.

Chacune de ces aliénations est liée à la marchandise : nous ne produisons pas *quelque chose qui sert*, nous produisons une *marchandise*, c'est-à-dire *une forme que prend l'argent* pour circuler et se reproduire. Nous n'effectuons pas un échange dans lequel nous réalisons une relation et notre identité, nous permettons à la plus-value d'exister au travers de la marchandise. Nous ne satisfaisons pas un besoin, nous rendons caduque une marchandise pour mieux en justifier une nouvelle, à venir.

Pour se le figurer, il suffit de penser à l'obsolescence programmée, à la *fast fashion*, à la course au dernier iPhone, à la succession des modes saison après saison.

Pétrification des catégories

Support de la réification et de l'aliénation, dans l'ensemble des discours critiques et pas seulement les discours néo-maussiens ou marxiens, la marchandise devient le symbole de l'exploitation et de la misère de l'homme à l'époque capitaliste. Elle incarne tous nos maux. Et le don devient son opposé salvateur. Les deux notions, marchandise et don, sont transformées en « catégories ». Une catégorie est toujours caractérisée par une liste d'attributs que l'on appelle une « intension », avec un « s ».

L'intension de la catégorie « marchandisation » comporte :

> l'argent, la propriété, la vente, la rétribution financière, l'intéressement personnel, le profit, la performance, la productivité, la rationalité instrumentale qui calcule tout, la quantification systématique et obsessionnelle (quantophrénie), le modèle de maximisation (un maximum de performance pour un minimum d'efforts), l'accumulation, la spoliation, l'exploitation de l'homme par l'homme, la colonisation, la production intensive, l'industrialisation, l'Anthropocène et l'assassinat de la nature.

L'intension de la catégorie « don » comprend :

> la gratuité, les communs, l'absence de rétribution financière, le refus de maximiser, la qualité plutôt que la quantité, la réciprocité, l'horizontalité, le partage, la fraternité/adelphité[1],

1. L'adelphité désigne le lien de parenté entre les enfants nés des mêmes parents, quel que soit leur genre. Le terme est plus inclusif que « fraternité », qui renvoie uniquement aux frères et exclut les femmes.

la bonté, la justice sociale, le respect des limites de la planète, donc le salut.

Une ligne de démarcation est posée entre les deux catégories : celle de la marchandise et celle du don. Cette ligne sépare deux univers. Il suffit qu'on évoque un seul des termes affiliés à l'intension d'une catégorie pour que tous les autres soient convoqués.

S'il y a argent : il y a marchandise.
S'il y a rétribution, quelle qu'elle soit : il y a marchandise.

Plus même ! Dans le monde associatif, s'il y a reconnaissance de l'action d'*un* individu particulier et non du collectif dans sa globalité, il y a danger de *corruption* par intéressement personnel. Or, derrière l'*intéressement*, c'est la marchandisation qui pointe le bout de son nez puisque l'*intéressement* fait partie de l'intension de la catégorie « marchandise ».

Souvent, les responsables associatifs rencontrés lors de l'enquête {contributive} insistaient sur la reconnaissance collective et non individuelle des bénévoles.
Le même discours en faveur d'une reconnaissance collective était également prégnant, presque litanique, lors de la séance de présentation de l'avis du CESE sur l'engagement bénévole. J'ai déjà cité cet avis pour relater les propos d'un de ses rapporteurs qui, lors de mon audition, avait avancé qu'il était important que certaines actions restent invisibles[1].

1. Voir Conseil économique, social et environnemental, « Engagement bénévole, cohésion sociale et citoyenneté : séance plénière du CESE », *youtube.com*, 28 juin 2022.

Cette *morale du désintéressement* se cristallise dans le « mot » marchandisation. Il suffit de brandir ce mot pour que la réflexion s'arrête et que la condamnation soit unanime.

> Vous avez dit rétribution ? Halte-là ! Marchandisation !

Dès que le mot « marchandisation » est prononcé, plus aucun dialogue n'est possible. Nous sommes expulsés en dehors du domaine de la pensée et de la compréhension pour entrer dans le règne du viscéral et de la répulsion. Dans les faits, « marchandise » n'est pas un concept : c'est un « signal ».

En linguistique, on opère une distinction entre le « signe » et le « signal ». Le « signe » porte un sens qu'il est possible d'expliquer, de s'approprier, voire de redéfinir. Il fait partie de la langue et il intervient dans la parole et le dialogue. Le « signal », quant à lui, ne laisse pas de place à la compréhension, à l'appropriation ni à la redéfinition. Il appartient à un code et il intervient dans des commandes à exécuter.

> Le feu rouge est un signal, il donne l'ordre de s'arrêter. Il ne faut pas le comprendre, il faut connaître la réaction automatique à déployer.

En linguistique, on dirait donc que « marchandise » et « don » ont perdu leur statut de signes pour devenir des signaux.

Max Horkheimer et Theodor Adorno, deux philosophes allemands du XXe siècle qui ont voulu comprendre la barbarie du nazisme dont ils avaient été les témoins, parlent de « pétrification ». Pétrifié, le mot ne « signifie plus » mais il « désigne » :

> « Plus le langage se fond dans la communication, plus les mots qui jusqu'alors étaient véhicules substantiels du sens se dégradent […]. Le résultat est que le mot, qui ne doit plus signifier mais uniquement désigner, est tellement rivé

à la chose qu'il n'est plus qu'une formule pétrifiée. [...] De nombreuses personnes emploient des mots et des expressions qu'elles ont cessé de comprendre qu'elles n'utilisent que parce qu'ils déclenchent des réflexes conditionnés. » (Horkheimer et Adorno, 1974 : 242-245)

C'est d'ailleurs selon eux un outil de la manipulation totalitariste. La *pétrification d'un concept* présente des ressemblances avec un phénomène que la philosophie marxienne décrit : la fétichisation.

Fétichisation du concept « marchandise »

La fétichisation désigne l'invisibilisation d'un processus social, son oubli, son déni ou son refoulement. À la place du processus social, nous ne voyons qu'un objet qui semble doté d'un pouvoir ou porteur d'une réalité. Ainsi, nous croyons qu'une marchandise a de la valeur « en soi », mais en réalité la valeur n'est pas une qualité de l'objet comme sa matière, sa forme ou sa couleur. « Jusqu'ici aucun chimiste n'a découvert de valeur d'échange dans une perle ou dans un diamant », dit Marx à la fin du premier chapitre du Livre I du *Capital*.

La valeur n'est pas une qualité de la chose. Au travers de la valeur, la chose manifeste des rapports sociaux qui ont permis sa production : le rapport au travailleur, le rapport à la nature, le rapport à la société, le rapport à l'héritage immatériel, le rapport aux actionnaires[1]. Ces rapports sociaux concernent la création de la marchandise. En ce sens, ils sont passés. Ils sont la mémoire, la marque, de rapports sociaux qui ont existé.

1. J'élargis les rapports incorporés dans la valeur car Marx parle essentiellement du travail.

David Graeber (2013), en s'appuyant sur une analyse anthropologique très large, au-delà des sociétés marchandes, émet l'hypothèse que dans la valeur il y a aussi l'expression du futur. La valeur traduit et incarne une « capacité d'action » à venir. Mais, dans le cas d'un fétiche, on confond cette capacité d'agir humaine avec la puissance de la chose elle-même.

> Ainsi, la personne qui utilise une amulette (un fétiche) croit que c'est l'amulette qui a des pouvoirs. Elle oublie que c'est son pouvoir d'agir à elle que l'amulette lui renvoie et conforte. Aujourd'hui, la plupart d'entre nous n'utilisent plus d'amulettes. En tout cas pas officiellement. Mais nous continuons de canaliser et de nous représenter notre pouvoir d'agir dans les valeurs que nous accumulons.

Cette forme de fétichisation concerne *les choses* et les rapports sociaux qu'elles incarnent. La fétichisation de la marchandise concerne donc la marchandise *en tant que chose*. Dire que la marchandise est un fétiche, c'est ajouter la qualité « fétiche » à l'intension de la catégorie « marchandise ». Mais quand je parle de la fétichisation du *concept* de marchandise, je ne parle pas de cela. Je désigne un *second niveau de fétichisation* qui ne concerne pas la *chose* marchandise mais son *concept*.

Il y a donc deux niveaux de fétichisation : la fétichisation de la marchandise qui concerne tout un chacun dans son rapport aux choses dans notre système capitaliste (niveau 1) et la fétichisation du concept de « marchandise » qui concerne *certaines* personnes qui croient avoir levé le voile de la marchandise-fétiche et avoir déployé un discours critique à son sujet (niveau 2[1]).

---

1. Le philosophe marxien Moishe Postone décrit un phénomène similaire quand il montre comment les marxistes traditionnels ont fétichisé le capital avant de fétichiser son concept. Postone montre

« Fétichiser un concept », ce n'est pas fétichiser la chose au cœur du concept, c'est pétrifier le *sens* du concept. C'est utiliser un mot et l'idée qu'il porte en signal au lieu de l'utiliser en signe. C'est arrêter de requestionner le concept et de le comprendre. C'est l'idéologiser.

Fétichiser un concept, c'est faire l'amalgame entre un concept et une catégorie. C'est réduire le concept à l'intension de la catégorie. Et c'est commettre l'erreur logique de croire que n'importe quel élément de l'intension est *en soi* porteur de tous les autres, que n'importe quel élément de l'intension est identique à la catégorie. On passe de la caractérisation à l'identité.

En l'occurrence, quand on fétichise le concept de marchandise, on pose une sorte d'équation tacite entre le concept, la catégorie et ses caractéristiques :

intéressement = argent = rétribution = indemnité = marchandise.

Et cette équation aboutit *automatiquement* à la condamnation car en réalité l'équation se poursuit ainsi :

intéressement = argent = rétribution = marchandise = marchandisation = appropriation = aliénation = déshumanisation = Anthropocène = destruction de la planète.

Le réflexe propre au signal s'est substitué à la réflexion propre au concept. Il y a un phénomène de contagion de la dangerosité, comme dans le mécanisme du *tabou*.

---

ensuite comment la fétichisation du concept « capital » mène à « une compréhension fétichiste du développement mondial » où « la domination dynamique et abstraite du capital est fétichisée [...] au niveau mondial comme étant celle des États-Unis ou, dans certaines variantes, celle des États-Unis et d'Israël » (Postone, 2013).

> Le tabou est un interdit qui a pour fonction de préserver une essence sacrée de la contagion du profane. Dès que le profane touche le sacré, il souille sa pureté et porte atteinte à sa puissance invisible et transcendante.

En l'occurrence, le profane relève de la marchandise et le sacré du don. Nous pourrions bien évidemment reprendre tout l'argumentaire de fétichisation du « concept de marchandise », à l'inverse, pour le « concept de don ».

> Don = désintéressement = gratuité = réciprocité = fraternité = égalité = respect des ressources naturelles = salut.

L'équation se poursuit d'ailleurs de manière absurde, car l'intension de la catégorie « don » n'est pas définie à partir de la réalité du don mais à partir de l'inversion de l'intension de la catégorie « marchandise ». Déjà Mauss lui-même faisait cette remarque.

> « [...] Mauss cherchait à faire valoir que seule la fiction du marché permettait de penser un intérêt personnel pur – car ce concept, remarquait-il, n'était pas traduisible ni en grec, ni en latin, ni en sanskrit, ni en arabe classique – et que l'idéal moderne du don pur désintéressé ne correspondait qu'à l'impossible image inversée de cette notion. » (Graeber, 2013 : 241)

Le don n'est certainement pas le garant de l'égalité[1] ! Les études anthropologiques n'ont de cesse de montrer comment le don est affaire de hiérarchies, de statuts et de pouvoir. Ainsi

1. C'est dans cette inversion que prend place ce que David Graeber dénonce comme le « relativisme naïf, aveugle aux rapports de pouvoir » de ceux qui « abord[ent] le projet maussien avec un enthousiasme trop peu critique » (Graeber, 2013 : 15).

on ne se demande pas de quoi le don est le fétiche, de quoi il est l'aliénation. On écarte la question. On fait comme si la fétichisation, l'aliénation et la domination n'existaient que dans les systèmes marchands lucratifs[1].

Argent, don et marchandise : un schéma de la sacralité

La sacralisation du don et le tabou de la marchandise se rencontrent au *point pivot* de l'*argent*. L'argent est l'élément différenciateur. Il est l'élément corrupteur. L'argent porte la « valeur » du monde marchand profane : une valeur visible et négative. Puisque l'argent est une valeur visible et négative, il doit exister en miroir, dans l'autre camp, le camp du don sacré, une valeur invisible et positive. Cette valeur invisible et positive, c'est le « désintéressement ». Dans sa théorie anthropologique de la valeur, David Graeber pointe cette partition entre valeur visible et valeur invisible :

> « Dans les processus d'attribution de valeur [...], il est presque invariablement question de visibilité et d'invisibilité. » (Graeber, 2013 : 151)

Il apporte en soutien à cette affirmation de nombreux exemples. Il montre également l'existence d'une *valeur négative* qui s'oppose à la *valeur positive*. Pour expliquer le mécanisme de valeur négative, il s'appuie sur l'exemple des conceptions Gawa de la sorcellerie :

1. L'erreur commise est de croire que seules les choses peuvent être des fétiches, pas les actions. La marchandise est une chose. Le don est une action. Cette erreur peut être qualifiée de « piège maussien ». À ce sujet, voir Graeber (2013 : 135).

> « Les sorciers sont des créatures animées par un appétit insatiable, qui aspirent la force vitale de tous ceux et de toutes celles qui les entourent [...]. » (Graeber, 2013 : 139)

On retrouve dans cette description du sorcier et de la valeur négative ce qui est dénoncé dans le concept de marchandise. L'« appétit insatiable » renvoie à la consumation de la consommation. L'« aspiration de la force vitale » correspond à l'exploitation des hommes et de la nature pour le lucratif monétaire.

Ainsi l'activité contributive est condamnée à l'invisibilité car elle alimente le sacré. Et elle ne doit pas être rétribuée car elle doit être préservée de la valeur négative et profane de l'argent, de la marchandise et de l'intéressement. La récompense de l'activité contributive *est* la sacralité obtenue par la valeur invisible et positive du désintéressement.

Religieux et morale de la société du travail

La société marchande qui partage le monde entre un *profane visible de l'argent* et un *sacré invisible du désintéressement* déploie une attitude *religieuse* qui s'incarne dans des « valeurs » : la « valeur négative et profane » de l'argent et son corollaire la « valeur positive et sacrée » du désintéressement.

Mais la société marchande, ce n'est pas seulement la société de l'argent : c'est aussi la société du travail dont la fonction *est* de nous faire gagner de l'argent. Ce lien fondamental entre travail et argent ne devrait-il pas nous faire percevoir le travail comme un élément corrupteur, une valeur négative ?

Pourquoi n'est-ce pas le cas ? Pourquoi avons-nous, au contraire, développé l'apologie du travail au travers d'une valeur positive centrale, la « valeur-travail[1] » ?

On comprend aisément que la « valeur-désintéressement » soit essentielle dans la morale liée à la sacralité du don. Mais comment la valeur-travail en vient-elle à former un couple avec la valeur-désintéressement pour indiquer les préceptes d'une bonne vie, une vie conforme à l'ordre du cosmos ?

Il existe en effet un commandement dans l'organisation *religieuse*[2] de notre société marchande capitaliste : au monde profane l'obligation du travail, au monde sacré l'obligation du désintéressement. Les deux valeurs forment une paire, la dyade morale $\frac{\text{valeur-travail}}{\text{valeur-désintéressement}}$.

Comment est-ce possible ? Qu'est-ce qui justifie l'existence de cette dyade ?

David Graeber, dans son exploration anthropologique de la valeur, mentionne les travaux de Louis Dumont qui peuvent nous éclairer sur ce paradoxe. Dumont, anthropologue structuraliste français, a développé une théorie de la valeur qui s'appuie sur la notion de hiérarchie et d'opposition.

Pour Dumont, les valeurs se définissent en opposition l'une à l'autre, comme dans la dyade $\frac{\text{valeur-travail}}{\text{valeur-désintéressement}}$. Selon lui, dans cette opposition, une valeur est supérieure à l'autre. Mais ce qui est intéressant dans l'analyse de Dumont,

1. Je ne m'en réfère évidemment pas à la valeur-travail d'un point de vue économique, mais à la valeur-travail d'un point de vue sociologique.

2. Ici le religieux renvoie exclusivement à l'administration du sacré. Ce religieux est cosmogonique : il soutient la compréhension de l'organisation du monde et il prescrit les règles qui conditionnent sa continuité, sa survie.

c'est que la hiérarchie peut s'inverser en fonction du niveau d'organisation que l'on considère.

> Par exemple, dans le système indien des castes, dans le domaine religieux, les brahmanes sont supérieurs aux rois, mais dans le domaine politique des affaires humaines, les rois sont supérieurs aux brahmanes qui doivent leur obéir.
> « Néanmoins, les brahmanes sont en dernier ressort supérieurs, car le domaine dans lequel ils exercent leur supériorité est le plus englobant. » (Graeber, 2013 : 42)

Selon cette logique, la dyade $\frac{\text{valeur-travail}}{\text{valeur-désintéressement}}$ inverse donc sa valeur dominante en fonction de la sphère considérée.

> Au niveau profane des affaires humaines, au niveau politique et économique, c'est la valeur-travail qui l'emporte.
> Au niveau des affaires relevant du sacré, c'est la valeur-désintéressement.

Dumont ne pensait pas que cette règle de l'inversion des valeurs s'appliquait aux sociétés occidentales contemporaines :

> Bien entendu, rien de tout cela ne s'applique aux sociétés occidentales contemporaines, mais Dumont estime par ailleurs que les quelque trois cents dernières années de l'histoire européenne constituent une sorte d'aberration. Les autres sociétés (« on est presque tenté de dire "celles qui sont normales" ») sont « holistiques » ; les sociétés holistiques sont hiérarchisées par principe, classées en une série de domaines toujours plus englobants.
> Notre société est l'exception qui confirme la règle, puisque, à nos yeux, la valeur suprême est l'individu : chaque personne est supposée avoir une individualité unique, ce qui nous ramène à la notion d'âme immortelle, laquelle par définition est donc incomparable (Graeber, 2013).

Comme les autres, Dumont n'a pas vu la place que jouait l'activité contributive dans nos économies marchandes[1], la persistance des structurations par niveaux et la possible prééminence du niveau sacré de la sphère du désintéressement.

Serait-ce à dire que, contrairement à ce qu'il croyait et contrairement à toutes les critiques qui ont cours sur notre société de marché, le niveau englobant supérieur, en dernier ressort, ne serait pas l'individu mais une espèce d'ordre collectif ? L'hypothèse mérite d'être considérée.

L'injonction, le commandement, de nous réaliser en tant qu'individu nous entraîne dans une activité effrénée et aliénante qui s'insinue jusque dans l'obligation de plaisir performant et de repos réussi. Ce commandement de constitution du sujet, un sujet le plus « authentique » possible[2], devient une aliénation comme les autres. Cette aliénation est d'ailleurs un des moteurs de notre système économique et technique capitaliste qui apporte des modèles, des solutions et des médiations pour tout ce qui est censé permettre la *réalisation personnelle.*

---

1. Graeber, lui, l'entraperçoit sans l'acter. Comme toujours avec l'activité contributive, elle est une petite chose au bout de la langue et de l'esprit, qui se montre furtivement et disparaît aussitôt :
« À l'évidence, toutes les *énergies créatrices* ne se retrouvent pas sur le marché, même quand la majorité des travailleurs sont salariés. Y compris dans notre société de marché, de nombreux secteurs – des travaux ménagers aux loisirs, en passant par l'action politique et les divers projets personnels – ne sont pas régis par un tel cadre homogénéisant. Ce n'est d'ailleurs pas un hasard si l'on entend parler de "valeurs" au pluriel dans ces contextes : valeurs familiales, vertus religieuses, valeurs esthétiques de l'art, etc. Là où il n'existe pas de système de valeur unique, toute une série de systèmes hétérogènes et disparates est en présence. » (Graeber, 2013 : 99)

2. C'est lui aussi qui nous inspire quand nous questionnons nos identités culturelles et nos identités de genre.

> L'amour est fourni par des sites de rencontre. La méditation est guidée par Petit Bambou. L'intelligence émotionnelle se développe avec des podcasts. Le sommeil s'améliore grâce au monitoring des cycles et aux ASMR, ces petits sons qui ont la vertu d'éveiller des sensations proches de l'orgasme, le coaching vient à nos oreilles murmuré par des agents conversationnels, etc.

Le dévouement au « je » est une manière très efficace de faire tourner la machine technique et marchande capitaliste qui règle le monde, en d'autres termes d'assurer le bon fonctionnement matériel et symbolique *collectif*.

Peut-on arbitrairement décider de réduire cette aliénation à l'individualisme ? N'est-elle pas aussi empreinte de notre obéissance aux attentes collectives ? *Réaliser le « je » n'est-il pas devenu notre manière d'être fidèle au « nous » ?*

Et quand nous publicisons cette réalisation au travers des réseaux sociaux, ne sommes-nous pas aussi en train de montrer à l'Univers tout entier que nous avons accompli notre devoir de membre accompli de la communauté humaine ? Est-ce uniquement du narcissisme, de l'égocentrisme et de l'individualisme qui se jouent là ? En dernier ressort, s'agit-il vraiment de notre aliénation au capital, à la technique et au spectacle ou de notre aliénation à un ordre sacré collectif qui nous enjoint de nous réaliser et de le montrer ? La confusion n'est-elle pas due, là encore à une fétichisation ?

Au lieu de voir nos mécanismes archaïques de sacralisation, nous préférons les occulter derrière les fétiches du capital, de la technique et du spectacle. Alors nous dénonçons le mal qu'ils nous font sans voir que c'est le mal que nous nous faisons à nous-mêmes en offrant de façon absolument irrationnelle la puissance de nos forces vitales à leur machinerie automatique.

Et comme tous les fétiches majeurs, leurs bénéfices sont remis à une petite poignée d'élus. Le fameux petit pour cent éternel.

> « [Les] grandes inégalités sont très profondément ancrées dans l'Histoire. Il y a deux mille ans, dans l'Empire romain, les plus importantes fortunes privées étaient environ 1,5 million de fois supérieures au revenu annuel moyen par habitant – à peu près le même ratio qu'entre Bill Gates et l'Américain moyen actuel. En somme, le degré extrême des inégalités de revenus dans l'Empire romain n'était guère différent de celui que connaissent aujourd'hui les États-Unis. » (Scheidel, 2021)

Quand nous réalisons le « je », quand nous nous dévouons pour le capital, le spectacle et la technique, quand nous acceptons de transférer le pouvoir de notre énergie créatrice au 1 % d'élus, nous croyons garantir l'ordre du monde. Nous ne sommes pas individualistes : nous sommes collectifs. Nous ne sommes pas rationnels : nous sommes toujours primitifs[1]. Et comme tous les primitifs, pour maintenir la cohérence globale, nous acceptons le sacrifice.

> Sacrifice du contributeur et surtout de la contributrice par le désintéressement.
> Sacrifice du travailleur par l'asymétrie salariale.
> Sacrifice des 99 % de la population pour le maintien d'un capital censé irriguer l'économie globale (théorème de Schmidt et théorie du ruissellement[2]).
> Sacrifice des peuples au nom de la dette.

---

1. J'utilise « primitif » pour désigner la relation au réel et à son organisation sur la base d'un récit cosmogonique, contre toute rationalité efficiente et empathique.
2. Le chancelier ouest-allemand Helmut Schmidt, dans un discours du 3 novembre 1974, affirmait que « les profits d'aujourd'hui sont les investissements de demain et les emplois d'après-demain ». Cette

Argent et sacrifice

Si l'on en croit René Girard, le sacrifice a pour vertu de préserver l'unité sociale.

> « C'est la communauté entière que le sacrifice protège de sa propre violence. [...] Le sacrifice polarise sur la victime des germes de dissensions partout répandus et il les dissipe en leur proposant un assouvissement partiel. [...] C'est l'harmonie de la communauté qu'il restaure, c'est l'unité sociale qu'il renforce. » (Girard, 1972 : 18-19)

Dans une société marchande comme la nôtre, la forme la plus banale du sacrifice, la plus invisible aussi, passe forcément par l'argent. Comme le soulignent Aglietta et Orléan dans *La monnaie souveraine* :

> « Être membre autonome, du point de vue de sa capacité d'agir et de décider, d'une économie marchande, c'est être capable de faire reconnaître les produits de son activité selon une procédure ordonnée par la monnaie. » (Aglietta et Orléan, 1998)

Être privé d'argent revient donc à être privé de capacité d'agir et de décider. Ainsi, quand les néo-maussiens refusent la quantification et la rétribution de l'activité contributive pour éviter l'expansion du domaine de la marchandise, sans en avoir conscience, ils préservent en réalité un hors marchand sacré et symbolique en vue de permettre au monde de continuer *tel qu'il est*, en sacrifiant le contributeur.

---

phrase sonne comme un « théorème » qui va dans le même sens que la « théorie du ruissellement » selon laquelle c'est l'argent des riches qui irrigue l'économie au travers de l'épargne, de la consommation et de l'investissement.

> Je reconnais d'ailleurs dans leur apologie du désintéressement le même « sublime » qu'on a tenté de me vendre, dans mon enfance, lorsque dans mon éducation religieuse on m'expliquait, à l'appui de textes intelligents et d'interprétations virtuoses, pourquoi et comment la femme, étant substantiellement plus grande que le séculaire, n'avait pas besoin de s'y mêler ou bien encore comment la femme, transcendant le stupre, devait être préservée de la concupiscence des hommes par les règles de la pudeur et de la pureté.
> Le résultat n'était ni la protection de la femme ni son accomplissement. C'était l'atrophie de ses ambitions et de sa sexualité. C'était le maintien du patriarcat.

Le sublime est l'outil le plus puissant qu'il soit pour convaincre quelqu'un d'*accepter volontairement un préjudice*, en d'autres termes de *se sacrifier*. Avec ce sacrifice, dans le discours néo-maussien, vient parfois l'espoir ou la promesse d'un futur édénique sans argent ni marchandisation : une société du don, une société égalitaire et respectueuse de la nature.

Le mythe de la société édénique du don

Pour nourrir cette image du futur, les partisans de l'économie du don font souvent référence aux temps premiers heureux des chasseurs-cueilleurs. C'est étonnant, cette nostalgie persistante des sociétés des chasseurs-cueilleurs que l'on appelle aussi parfois « sociétés de la prédation ». Tout n'est-il pas dit dans cette appellation ? Qui aurait envie de vivre dans une société de la prédation ?

Les travaux des historiens comme Walter Scheidel, qui a publié en 2017 *Une histoire des inégalités. De l'âge de pierre au XXI*^e^ *siècle* (Scheidel, 2021), ont d'ailleurs mis un terme à ce mythe premier du chasseur-cueilleur pacifique et partageur, en s'appuyant abondamment sur l'analyse de fouilles archéologique.

Tout d'abord, il nous rappelle que les thèses qui s'appuient sur l'étude des peuplades actuelles qui ont un mode de vie dit *premier* pour imaginer ce passé lointain commettent un anachronisme qui les disqualifie :

> « Les prédateurs qui ont survécu ne sont ni des peuplades intemporelles ni des “fossiles vivants”, et nous devons comprendre que leurs pratiques s'inscrivent dans des contextes historiques précis. Il n'est pas dit que les populations préhistoriques aient toujours été aussi égalitaires que nous le laissent supposer les modes de vie des chasseurs-cueilleurs qui nous sont contemporains. » (Scheidel, 2021 : 56)

Il présente ensuite des exemples de sépultures antérieures au début de l'Holocène qui prouvent l'existence de hiérarchies et d'inégalités parmi ces peuples que l'on aime à décrire comme parfaitement égalitaires.

> « Les inégalités ne sont pas inexistantes au sein des groupes vivant exclusivement de la prédation ; elles sont simplement très faibles par rapport à celles des sociétés qui dépendent d'autres modes de subsistances. » (Scheidel, 2021 : 55)

Mais c'est une des règles générales que son ouvrage révèle : quand tout le monde est pauvre, les inégalités sont toujours réduites. Ainsi la faible inégalité de ces sociétés ne peut pas être imputée arbitrairement à leur sens inné de la justice sociale, sens qui aurait été corrompu au fil du temps et notamment à cause du capitalisme et de la marchandisation. Il est avant tout dû à la pauvreté générale.

Et même si l'on souhaitait s'en tenir à l'étude des actuelles peuplades pour défendre une économie du don plus égalitaire, que verrait-on ? Si l'émergence d'un chef est mal perçue, s'il existe en leur sein une « économie morale [...] appelée "hiérarchie de dominance inversée" » qui consiste en une « neutralisation préventive et continue de l'autorité », cette égalité ne concerne que les hommes adultes, lesquels « dominent généralement femmes et enfants » (Scheidel, 2021 : 54).

Il est peut-être temps d'arrêter de faire comme si la domination des femmes ne comptait pas quand on analyse le degré d'inégalité ou de violence d'une société. Ou quand on prône la beauté du modèle du don et du désintéressement comme constitutif d'une socialisation pacifique.

Je pense que l'intuition de Monique Wittig[1], dans son texte court et disruptif de 1978, *La pensée straight*[2], est des plus justes (Wittig, 2008). Dans ce bref article, elle souligne que :

> « La transformation des rapports économiques ne suffit pas. Il nous faut opérer une transformation politique des concepts-clés, c'est-à-dire les concepts qui sont stratégiques pour nous [les féministes]. »

Et c'est en ce nom, au nom de la réinvention de l'équipement conceptuel qu'elle prend « plus particulièrement à

1. Monique Wittig est une auteure de l'école du Nouveau Roman et théoricienne du premier féminisme radical. Elle précède Judith Butler et les études de genre.

2. La pensée *straight*, c'est une pensée qui analyse et organise le monde à partir d'une répartition entre ce qui relève du masculin et ce qui relève du féminin. On dirait aujourd'hui que la « pensée *straight* » est « hétéronormée », autrement dit elle est structurée par des règles et des concepts qui distribuent les rôles entre le masculin et le féminin. Il est important d'insister sur le fait que les concepts eux-mêmes sont infusés par une pensée hétéronormée, qu'ils en sont les véhicules et les instruments. Pour Wittig, il est ainsi nécessaire d'extraire la binarité masculin/féminin des concepts eux-mêmes pour commencer à penser autrement, sans scories assignantes et discriminantes.

partie » l'école structuraliste alors dominante dans la pensée française :

> « Lévi-Strauss, Lacan et leurs épigones font appel à [...] des processus inconscients qui exigent et ordonnent l'échange des femmes comme *une condition nécessaire à toute société.* [...] Or que veut dire que les femmes soient échangées sinon qu'elles sont dominées ? [...] D'ailleurs la domination est niée, il n'y a pas esclavage des femmes, il y a différence[1]. »

Christine Delphy, autre grande féministe française, remet également le don à sa place dans une entrevue avec *La Revue du MAUSS*, pilier de la doctrine anti-utilitariste :

> « Le don et le contre-don ne peuvent se concevoir qu'entre égaux : entre chefs de villages, ou chefs de famille. Mais pas entre chefs (de région, de tribu, de famille) et subordonnées. Les femmes sont des subordonnées. La situation des chefs, des dominants, leur existence même, dépend de l'existence de dominées, comme l'existence des dominées suppose l'existence de dominants. » (Delphy et Duverger, 2012)

Quand j'écoute ou lis les apôtres de l'économie du don, je ne peux m'empêcher de mettre côte à côte leurs fables sur les vertus sacrées du désintéressement et la réalité sacrificielle qu'elle a toujours entraînée pour les femmes et pour les contributeurs. Je ne peux m'empêcher de penser à Scheidel qui démolit le mythe de l'égalité des sociétés de la réciprocité.

---

1. Dans cette remise en cause de Lévi-Strauss, peu importe que Lévi-Strauss soit en phase ou non avec Mauss sur la priorité de l'échange ou du signe. Pour le « sujet », il n'est pas moins violent d'être l'objet de la transaction fondatrice du lien social que d'en être un signe.

Je ne peux m'empêcher de penser à Pierre Clastres qui, dès 1977, dans son *Archéologie de la violence*, démentait « le discours échangiste » de Lévi-Strauss[1] pour qui la guerre était un « dérapage », une « rupture du mouvement vers l'échange », « l'accessoire par rapport au principal » :

> Or, précise-t-il, cette « théorie générale que développe Lévi-Strauss sur la société primitive, ne tient pas compte du donné ethnographique : quasi-universalité du phénomène guerrier, quelles que soient les sociétés considérées » (Clastres, 2022 : 39).

Cette existence autonome de la violence et de la domination, qu'elles soient primordiales comme le prône René Girard, primitives comme le suggère Pierre Clastres ou qu'elles *soient*, tout simplement, c'est-à-dire qu'elles aient eu lieu inévitablement et à répétition au travers de l'histoire globale comme le montre Walter Scheidel, vient démentir le rôle diabolique prêté à la marchandisation et le rôle salvateur accordé à la réciprocité et au désintéressement.

Ceux qui refusent aux contributeurs de recevoir une indemnité pour leur activité contributive, donc le droit à la dignité et à l'autonomie, en vue d'éviter le risque d'extension du domaine de la marchandise, commettent, eux aussi, l'erreur du mythe échangiste. Ils sont en train de prôner un récit religieux et d'exiger un sacrifice pour l'avènement d'un

1. Précisons d'ailleurs que Lévi-Strauss a entretenu une correspondance avec Marcel Mauss « depuis le milieu des années trente jusqu'à la fin de la guerre » (Tcherkézoff, 2015).

temps messianique, pour le salut de notre monde au bord de la destruction, pour racheter l'Anthropocène[1].

Octroyer un revenu au contributeur qui en a besoin n'a rien à voir avec la marchandisation. Une telle réduction est parfois une paresse intellectuelle, mais plus généralement *elle relève d'un sentiment religieux qui s'ignore*. De surcroît, comme nous l'avons déjà vu en ouverture de cette conclusion : l'activité contributive est déjà marchandisée. Elle subit une marchandisation passive puisqu'elle est la condition du profit.

Au-delà de la marchandisation

En effet, pour qu'il y ait profit quelque part, il faut qu'il existe des services écosystémiques humains non rétribués ou sous-rétribués.

Rappelons les chiffres : en France, nous effectuons 67,5 milliards d'heures d'activité contributive et seulement 41 milliards d'heures de travail. Si on devait payer l'activité contributive, elle nous coûterait l'équivalent de 68 % de la richesse créée annuellement du PIB. Il n'y aurait ni profit ni solvabilité du système.

L'activité contributive gratuite *est* un des piliers de la société de marché. Elle est la condition de la solvabilité, du profit, de l'accumulation et du capital. *Ainsi, c'est peut-être bien au contraire le fait de la rémunérer qui viendrait bousculer le système et briser quelque chose du cycle de la marchandisation.*

Reconnaître l'existence et la nécessité d'une activité contributive non lucrative et non solvable, et demander des droits pour les contributeurs, c'est une manière très concrète, très

1. L'Anthropocène désigne la nouvelle époque géologique de la Terre, qui a débuté avec l'action industrielle de l'homme et qui met en danger l'équilibre écosystémique global.

directe et très opérationnelle de faire face à nos dysfonctionnements sans sombrer dans l'idéologie, la fétichisation, ni la sacralisation. C'est proposer une solution qui échappe à la cartographie politique et économique traditionnelle car elle ne relève ni d'une pensée libérale, ni d'une pensée marxiste, ni même d'une écologie politique. Mais c'est aussi, en conséquence, bouleverser les fondamentaux idéologiques et structurels de notre société qui, de la droite à la gauche, des laïques aux religieux, repose sur la dyade sacralisée $\frac{\text{valeur-travail}}{\text{valeur-désintéressement}}$.

Il n'est jamais simple de mettre au jour et en cause les fondamentaux sacralisés des sociétés. C'est prendre le risque de déchaîner foudres et dénigrements. Mais qu'importe, il est temps de le faire très explicitement, car la crise du sens et la crise du travail qui déchirent notre société sont en réalité un appel à cette mise au point et un appel à la proposition d'alternatives concrètes et disruptives.

D'une part, affirmer que, dans le modèle marchand capitaliste, la valeur est créée *par tous* et que l'entreprise n'est que l'*organe final* du mécanisme de création de valeur, l'organe qui transforme en valeur *tout l'effort contributif* du collectif humain, effort présent (activité contributive) ou effort passé (patrimoine immatériel). À ce titre, suggérer que l'entreprise doive rémunérer les services écosystémiques humains.

D'autre part, proposer d'articuler l'accès aux moyens de subsistance et à la propriété sociale à la fois sur le travail et sur l'activité contributive par l'intermédiaire d'un dispositif décentralisé de type « pacte contributif » nous permet de mettre en place des solutions théoriques et pratiques disruptives mais faisables, à notre portée, pour mieux fonctionner ensemble et pour affronter les défis écologiques et sociaux qui nous attendent.

Annexes

Annexe 1
Légende de la cartographie de l'activité contributive

Le bénévolat concerne exclusivement le bénévolat « formel », c'est-à-dire l'activité des bénévoles en association.

Le volontariat est une forme hybride entre le salariat et le bénévolat. Il repose sur un contrat et apporte une rétribution.

Le bénévolat dit « informel » désigne de coutume tous ces coups de main et ces engagements que l'on donne autour de soi, dans la proximité, en dehors de la sphère familiale, de manière spontanée. Dans cette cartographie, il n'est pas pris en compte dans la catégorie bénévolat. Il porte ici le nom d'« activité contributive de proximité » et on le trouve dans la catégorie « activité indépendante informelle ».

Les activités indépendantes informelles regroupent ces situations où, seuls, en tant que particuliers, nous effectuons de l'activité contributive. Il peut s'agir de *digital labor* (hors réseaux sociaux) : je laisse un avis, je tiens un blog, j'installe mon ordinateur, je répare ma box de connexion à internet, je prends en main l'interface des impôts. Il peut s'agir également d'*activité de recherche scientifique*, car les chercheurs indépendants qui la produisent n'ont pas de statut professionnel leur permettant de déclarer des revenus, au contraire de tous les cas listés dans la catégorie « travail non lucratif ».

La catégorie *travail non lucratif* renvoie justement à ces professionnels à qui l'on enjoint d'être solvables dans des conditions impossibles à atteindre (les indépendants de l'art et de la culture, les agriculteurs, les enseignants indépendants).

À côté de ces indépendants, j'ai ajouté les personnes qui interviennent au travers de modèles coopératifs, sans parvenir à se rémunérer. Ce cas a été porté à notre attention, lors de l'enquête {contributive}, par des personnes porteuses de projets concernant la transition écologique, sociale ou économique, notamment des porteurs de projets autour des communs. Souvent ces entrepreneurs sociaux cherchent d'autres modèles que l'entreprise ou l'association pour œuvrer. Ils utilisent de plus en plus le cadre des coopératives, quitte à détourner le modèle des coopératives d'activités et d'emploi (CAE).

Enfin, les *regroupements informels* désignent des projets collaboratifs auxquels on s'associe : qu'il s'agisse de communs ou d'*open source*, d'un *digital labor* au service d'un réseau social ou de cohabitat. Le cohabitat concerne le temps que nous consacrons à gérer nos immeubles au travers des conseils syndicaux et autres instances.

Annexe 2
Tableau des chiffres de l'activité contributive

Ce tableau, issu de l'étude sur la mesure de l'activité contributive, présente les données selon le périmètre et le découpage utilisé dans cette étude.

La colonne *% de l'AC* montre le pourcentage que représente le domaine par rapport à l'intégralité de l'activité contributive mesurée.

La colonne *% de l'AC HSF* montre le pourcentage que représente le domaine par rapport à l'activité contributive en dehors de la sphère familiale.

	Heures	**ETP**	**Valeur (€)**	**% de l'AC**	**% de l'AC HSF**
Bénévolat	**2216500000**	**1413584**	**51106505102**	**3,3**	**36,8**
Volontariat	**166172040**	**105977**	**3831478541**	**0,2**	**2,8**
Volontariat national	156764396	99977	3614563672	0,2	2,6
Volontariat international	9407644	6000	216914869	0,01	0,2
Activités professionnelles non lucratives	**604767356**	**385693**	**13944302273**	**0,9**	**10**
Art et culture	279063937	177974	6434460866	0,4	4,6
Agriculture	251346480	160298	5795371154	0,4	4,2

	Heures	ETP	Valeur (€)	% de l'AC	% de l'AC HSF
Enseignement hors art	69 282 000	44 185	1 597 455 848	0,1	1,1
Coopératives	5 074 940	3 237	117 014 405	0,008	0,1
Regroupements informels	**1 335 450 434**	**851 690**	**30 791 881 084**	**2**	**22,1**
Digital labor (réseaux, applis)	1 285 301 576	819 708	29 635 583 837	1,9	21,3
Communs et *open source*	6 159 876	3 928	142 030 099	0,009	0,1
Cohabitation	43 988 982	28 054	1 014 267 148	0,1	0,7
Activités indépendantes et informelles	**1 589 425 119**	**1 013 664**	**36 647 851 542**	**2,4**	**26,4**
Digital labor	621 127 652	396 127	14 321 526 503	0,9	10,3
Recherche	229 464 134	146 342	5 290 823 338	0,3	3,8
Proximité	738 833 333	471 195	17 035 501 701	1,1	12,3
Instances citoyennes	**116 031 050**	**73 999**	**2 675 362 710**	**0,2**	**1,9**
Élus locaux	104 972 172	66 947	2 420 374 852	0,2	1,7
Participation citoyenne	11 058 878	7 053	254 987 859	0,016	0,2
Sphère familiale	**61 519 112 442**	**39 234 128**	**1 418 464 621 643**	**91,1**	
Aidants	11 545 731 860	7 363 349	266 213 401 414	17,1	
Activité grand-parentale	1 196 000 000	762 755	27 576 530 612	1,8	
Activité parentale	6 024 690 000	3 842 277	138 913 083 791	8,9	
Activité domestique	42 401 622 636	27 041 851	977 666 926 938	62,8	
Activité paraprofessionnelle	351 067 946	223 895	8 094 678 888	0,52	
TOTAL	**67 547 458 440**	**43 078 736**	**1 557 462 002 894**	**100**	**100**

Annexe 3
Première Déclaration des droits du contributeur

Première Déclaration
.des.Droits.du.Contributeur. • *Préambule*

Cette Première Déclaration des droits du contributeur est pensée, écrite et proclamée par un collectif civil, par des femmes et des hommes sans mandat ni représentativité, des femmes et des hommes qui ont décidé de s'engager pour faire reconnaître le caractère vital de l'activité contributive.

L'activité contributive désigne l'activité humaine qui prend place, en dehors du cadre marchand et de l'emploi, sans rétribution lucrative. Elle concerne le bien commun, le soin de l'autre ou de l'environnement, l'éducation, l'art, le savoir, la culture, la citoyenneté, le sport ou l'entraide.

Nous considérons que l'activité contributive est vitale à la préservation de la « dignité inhérente à tous les membres de la famille humaine » reconnue par la *Déclaration universelle des droits de l'homme*. Elle est vitale pour vivre ensemble, au sein d'une société démocratique inclusive, pour habiter cette terre et la préserver, pour la « justice et la paix dans cemonde », pour l'équité économique et sociale.

Nous considérons que l'existence des droits égaux et inaliénables promus par la *Déclaration universelle des droits de l'homme*, repose non seulement sur les droits inhérents au travail tels que définis dans l'ARTICLE 23 de cette déclaration mais aussi sur l'exercice, la reconnaissance, la protection et la valorisation de l'activité contributive.

Nous considérons que le travail et les services marchands ne constituent que la partie visible et reconnue de l'activité humaine.

Nous considérons que l'activité contributive rend possible le travail et la création de valeur : il n'y a pas une seule personne en capacité de travailler qui ne soit soutenue par l'activité contributive. Il n'y a pas une connaissance, un outil ni une idée qui ne soient issus de l'héritage contributif de l'humanité.

Nous considérons que le travail ne peut constituer de manière pérenne et suffisante la seule clé d'accès :
- à l'existence sociale,
- à la mise en œuvre de ses compétences et potentiels,
- aux garanties sociales,
- aux ressources.

Nous considérons que l'activité contributive doit pouvoir compléter de manière reconnue le travail dans ces quatre finalités.

Nous considérons que l'activité contributive est un moyen pour l'individu d'accomplir ses « devoirs envers la communauté », tels que définis par la *Déclaration universelle des droits de l'homme*.

Nous considérons que pour mettre en place la transition écologique, économique et sociale indispensable à l'avenir de l'humanité et de la planète, l'activité contributive est incontournable et doit être soutenue.

Sur cette base nous proclamons la Première Déclaration des droits du contributeur. Cette Première Déclaration a vocation à évoluer, à s'enrichir et à dépasser les frontières.

Carole Lipsyc

.Première.Déclaration.
• des Droits du Contributeur

ARTICLE PREMIER
L'activité contributive est la condition première de la vie en société, de l'équité économique et sociale, de la démocratie, de la fraternité et du respect de la nature. Elle doit être reconnue, soutenue, protégée et valorisée.

ART. 2 Quiconque n'a pas accès à un bien ou à un service nécessaire à sa santé, sa dignité, son éducation, son employabilité ou au développement de ses aptitudes, doit pouvoir y accéder grâce à l'activité contributive.

ART. 3 Toute personne qui exerce une activité contributive a le droit d'obtenir, si elle le souhaite et en a besoin, une reconnaissance juridique, sociale et économique de son statut de contributeur.

ART. 4 Les droits du contributeur s'appliquent quel que soit le cadre de son activité contributive : au sein d'une structure ou à titre individuel.

ART. 5 Le contributeur choisit librement de contribuer. À ce titre, aucun acteur privé ou public ne peut exiger qu'un individu effectue une activité contributive, sauf quand elle est envisagée dans des mesures qui favorisent la prévention de la récidive dans un cadre judiciaire.

ART. 6 Quand il choisit de contribuer, le contributeur est libre dans l'exercice de sa contribution : il n'est pas soumis à des liens de subordination.

ART. 7 Toute personne a le droit d'être reconnue pour son effort de contribution, indépendamment de la performance, la productivité, la qualité, le résultat ou la popularité. L'effort de contribution dépend des capacités et des moyens de chacun.

ART. 8 Quiconque met en œuvre et développe des compétences comportementales, des savoir-faire, des expertises ou des connaissances dans le cadre de l'activité contributive, a le droit de les valoriser dans son parcours professionnel et dans son parcours de formation.
Les acteurs publics, les organismes de formation et les entreprises doivent pouvoir reconnaître ces compétences dans leurs processus de recrutement, d'évaluation et de rétribution. À l'inverse, il ne peut jamais être exigé de justifier d'une activité contributive dans l'une de ces situations.

ART. 9 Une planète viable est la condition de notre existence, de notre santé, de notre accès aux ressources et de toute richesse. La protection de la Terre ne peut pas être assurée uniquement par l'activité marchande ou l'action publique.
Elle doit aussi reposer sur les contributions de tous et de chacun, à son échelle. Tous les moyens doivent être mis en œuvre pour favoriser ce cycle contributif.

ART. 10 Au nom de son caractère vital et incontournable, au nom du tribut que lui doit la société, l'activité contributive doit être dûment soutenue, valorisée et financée par les détenteurs et émetteurs des richesses.

30 avril 2021
Montreuil

Bibliographie

AGLIETTA, Michel, ORLÉAN, André (éd.). *La monnaie souveraine.* Paris : Odile Jacob, 1998.

ALGAVA, Élisabeth, BLOCH, Kilian, ROBERT-BOBÉE, Isabelle. « Les familles en 2020 : 25 % de familles monoparentales, 21 % de familles nombreuses ». *Insee Focus*, n° 249, 13 septembre 2021.

ANDERS, Günther. *L'obsolescence de l'homme. Sur l'âme à l'époque de la deuxième révolution industrielle.* Paris : Ivréa, 2002 [1956].

—. « Le monde comme fantôme et comme matrice. Considérations philosophiques sur la radio et la télévision ». In *L'obsolescence de l'homme. Sur l'âme à l'époque de la deuxième révolution industrielle.* Paris : Ivréa, 2002 [1956], p. 117-242.

ANIA, COOP DE FRANCE, FCD, FEEF, FNSEA, ILEC. « Diagnostic de la filière alimentaire. Pour une approche économique des États généraux de l'alimentation ». *Ania.net*, juillet 2017.

ARENDT, Hannah. « Du mensonge en politique. Réflexions sur les documents du Pentagone ». In *L'humaine condition.* Paris : Gallimard, 2012 [1958], p. 845-876.

AZAM, Geneviève. « Économie sociale, tiers secteur, économie solidaire, quelles frontières ? ». *Revue du MAUSS*, n° 21, 2003/1, p. 151-161.

BAUDRILLARD, Jean. *L'échange symbolique et la mort.* Paris : Gallimard, 1976.

BAZIN, Cécile, DUROS, Marie, BEN AYED, Aziz, et al. « La France bénévole : évolutions et perspectives – 17e édition ». *Recherches-solidarites.org*, mai 2022.

Bazin, Cécile, Duros, Marie, Bastiani, Béatrice, et al. « La France associative en mouvement – 20e édition ». *Recherches-solidarites.org*, octobre 2022.

Beal, Margot. « 1848-1940, l'omniprésent travail (des) domestique(s) ». In *Des champs aux cuisines. Histoires de la domesticité en Rhône et Loire (1848-1940).* Lyon : ENS, 2019, p. 15-35.

Beaujoun, Eva, Sobotka, Tomáš, Brzozowska, Zuzanna, et al. « La proportion de femmes sans enfant a-t-elle atteint un pic en Europe ? ». *Population et Sociétés*, n° 540, janvier 2017.

Beaurenaut, Anne-Sophie, Kerloëgan, Colette, DGRH A1-1. « Les enseignants non permanents affectés dans l'enseignement supérieur – Année 2018-2019 ». *Note de la DGRH*, n° 4, mai 2020.

Berque, Augustin. *La mésologie. Pourquoi et pour quoi faire ?.* Nanterre : Presses universitaires de Paris Ouest, 2014.

Blavet, Thomas. « 9,3 millions de personnes déclarent apporter une aide régulière à un proche en situation de handicap ou de perte d'autonomie en 2021 ». *Études et Résultats*, n° 1255, 2 février 2023.

Bouglé, Célestin. *Solidarisme et libéralisme.* Paris : Rieder, 1904.

Broudoux, Évelyne. « Autoritativité, support informatique, mémoire [communication] ». 2003 (sic_00001137).

Caillé, Alain, Lazzeri, Christian, Cléro, Jean-Pierre. « Qu'est-ce qu'être anti-utilitariste ? ». *Cités*, n° 10, 2002/2, p. 77-90.

Cardon, Dominique. « Pratiques créatives en ligne ». In *Culture numérique.* Paris : Presses de Sciences Po, 2019, p. 189-202.

Castel, Robert, Haroche, Claudine. *Propriété privée, propriété sociale, propriété de soi. Entretiens sur la construction de l'individu moderne.* Paris : Fayard, 2001.

Chatellier, Vincent, Détang-Dessendre, Cécile, Dupraz, Pierre, et al. « La sensibilité du revenu des exploitations agricoles françaises à une réorientation des aides dans le cadre de la future PAC post-2023 ». Working Papers SMART-Lereco, n° 21, mars 2021.

Clastres, Pierre. *Archéologie de la violence.* La Tour-d'Aigues : l'Aube, 2022 [1977].

Contat, Odile, Gremillet, Anne-Solweig. « Publier : à quel prix ? Étude sur la structuration des coûts de publication pour les revues françaises en SHS ». *Revue française des sciences de l'information et de la communication*, n° 7, 2015.

CPME. « Enquête de conjoncture CPME sur la rémunération des dirigeants : un entrepreneur sur cinq gagne moins que le SMIC ». *Cpme.fr*, 4 janvier 2024.

Damont, Nicolas, Falcoz, Marc. « Questionner la frontière floue entre amateur et professionnel. Les apories de la frontière entre amateur et professionnel ». *Marché et organisations*, n° 27, 2016/3, p. 83-103.

Delhomme, Isabelle, Pétillon, Xavier, Rivillon, Yohan. « Premier confinement et égalité femmes-hommes : une articulation des temps de vie plus difficile pour les femmes ». *Insee Analyses Pays de la Loire*, n° 103, 8 mars 2022.

Deloitte et Taste. « Étude : Les rémunérations individuelles dans le secteur des associations et fondations ». *Centre-francais-fondations.org*, 2014.

Delphy, Christine, Duverger, Sylvie. « La condition de possibilité du don, c'est l'égalité ». *Revue du MAUSS*, n° 39, 2012/1, p. 308-322.

Dewey, John. *Après le libéralisme ? Ses impasses, son avenir*. Paris : Flammarion, 2014 [1935].

DGEFP, DARES, DGOS, CNFPT, DGAFP, DGESCO. « Formation professionnelle. Annexe au Projet de Loi de Finances pour 2023 ». *Budget.gouv.fr*, 2023.

Driguez, Laetitia. « De l'intérêt de créer un nouveau concept : la lucrativité limitée ». Working paper CIRIEC n° 2019/08, 12 mai 2019.

Dujarier, Marie-Anne. *Le travail du consommateur. De McDo à eBay, comment nous coproduisons ce que nous achetons*. Paris : La Découverte, 2008.

Dupont, Florence. *Histoire littéraire de Rome. De Romulus à Ovide. Une culture de la traduction*. Paris : Armand Colin, 2022.

Duverger, Timothée. « L'institutionnalisation de l'économie sociale et solidaire : État et société civile organisée en France de 1981 à 2017 ». *Informations sociales*, n° 199, 2019/1, p. 28-35.

Endeweld, Miri, Kaplan, Amit. « The price of invisibility: the monetary value of unpaid work – a comparative examination ». *Israeli Sociology*, n° 23(2), 2022, p. 53-75.

Ernst & Young, France Créative. « L'économie mosaïque. 3e panorama des industries culturelles et créatives en France – Novembre 2019 ». *Culture.gouv.fr*.

ETCLD. « Bilan final de la 1re étape expérimentale. Un pas supplémentaire pour le droit à l'emploi ». Fonds d'expérimentation contre le chômage de longue durée, septembre 2021.

Federici, Silvia. *Le capitalisme patriarcal*. Paris : La Fabrique, 2019.

Ferry, Jean-Marc. « Le Revenu primaire inconditionnel, un autre paradigme de la répartition ». *Revue d'éthique et de théologie morale*, n° 295, 2017/3, p. 69-82.

Foucault, Michel. *L'herméneutique du sujet*. Paris : Seuil-Gallimard, 2001.

Gefen, Alexandre. « Les amateurs ». *Nouvelle revue d'esthétique*, n° 25, 2020/1, p. 5-8.

Girard, René. *La violence et le sacré*. Paris : Grasset, 1972.

Gommes, Nathaniel. « La zone morte de l'économie : un travail qui vaut des milliers de shekels par mois – et qui est effectué gratuitement ». *Themarker.com*, 24 août 2022.

Goux, Jean-Joseph. « L'utilité : équivoque et démoralisation ». *La Revue du MAUSS*, n° 6, 2e semestre 1995, p. 107-123.

Graeber, David. *Dette : 5000 ans d'histoire*. Paris : Les liens qui libèrent, 2013 [2011].

—. *La fausse monnaie de nos rêves. Vers une théorie anthropologique de la valeur*. Paris : Les liens qui libèrent, 2022 [2001].

Grard, Marie-Aleth, Vigneau, Martine. « Revenu minimum social garanti ». *Les avis du CESE*, n° 12, avril 2017.

Hanisch, Carol. « The personal is political ». *Webhome.cs.uvic.ca*, 1969.

Hédon, Claire, Goubert, Didier, Le Guillou Daniel. *Zéro chômeur. Dix territoires relèvent le défi*. Montreuil : Quart Monde, 2019.

Hirschman, Albert O. *Les passions et les intérêts*. Paris : PUF, 1980.

Horkheimer, Max, Adorno, Theodor W. *Dialectique de la raison*. Paris : Gallimard, 1974 [1944].

INFOSTAT/MSA. « La population féminine en agriculture en 2019 – Infostat ». *Statistiques.msa.fr*, 4 mars 2021.

INITIATIVE {CONTRIBUTIVE}. « Première Déclaration des droits du contributeur ». *Contributive.org*, 2021.

JAMES, Selma. *Sex, race and class. The perspective of winning: a selection of writings 1952-2011.* New York: Common Notions/PM Press, 2012.

JEDROWSKI, Tomasz. *Les nageurs de la nuit.* Paris: La Croisée, 2023 [2020].

KITZMANN, Morgan. « Les grands-parents: un mode de garde régulier ou occasionnel pour deux tiers des jeunes enfants ». *Études et résultats*, n° 1070, juin 2018.

LIPSYC, Carole. « 1re mesure radicale de l'activité contributive. Étude intégrale ». *Contributive.org*, 2022.

—. « Le désir d'être humain. Résister à la société automate ». *Contributive.org*, 2008.

LUCIANI, Antoine. « Le coût horaire de la main-d'œuvre en France ». *Insee Première*, n° 1567, 29 septembre 2015.

MAILLARD, Denis. *Indispensables, mais invisibles? Reconnaître les travailleurs en première ligne.* La Tour-d'Aigues: l'Aube, 2021.

MAINAUD, Thierry, RAYNAUD, Émilie, ROUSSEL, Philippe (coord.). « France, portrait social. Édition 2022 ». *Insee Références*, 22 novembre 2022.

MALET, Jacques (dir.). « La France bénévole. Troisième édition ». Centre d'étude et de recherche sur la philanthropie/France bénévolat/Caisse d'épargne, mars 2006.

MARX, Karl. *Le Capital.* Vol. 1. Paris: Flammarion, 1985 [1867].

—. *Manuscrits de 1857-1858, dits « Grundrisse ».* Paris: Les éditions sociales, 2008.

MÉDA, Dominique. *Le travail.* Paris: PUF. 2008.

—. *Qu'est-ce que la richesse?.* Paris: Aubier, 1999.

MINISTÈRE DE LA TRANSFORMATION ET DE LA FONCTION PUBLIQUES. « Fonction publique – Chiffres clés 2022 ». *Fonction-publique.gouv.fr*, édition 2022.

MONNET, Éric. *La Banque-providence. Démocratiser les banques centrales et la monnaie.* Paris: Seuil, 2021.

OCDE. « Cuisiner, s'occuper des enfants, construire ou réparer. Le travail non rémunéré à travers le monde ». In *Panorama de la société 2011. Les indicateurs sociaux de l'OCDE.* Paris : OCDE, 2011.

O'Dwyer, Rachel. *Tokens. The future of money in the age of the platform.* Londres : Verso, 2023.

Orain, Arnaud. *La politique du merveilleux. Une autre histoire du Système de Law (1695-1795).* Paris : Fayard, 2008.

Postone, Moishe. *Critique du fétiche capital. Le capitalisme, l'antisémitisme et la gauche.* Paris : PUF, 2013.

Roy, Delphine. « Le travail domestique : 60 milliards d'heures en 2010 ». *Insee Première*, n° 1423, 22 novembre 2012.

Salembier, Laurianne (coord.). « Emploi et revenus des indépendants – Édition 2020 ». Insee, 2020.

Scheidel, Walter. *Une histoire des inégalités. De l'âge de pierre au XXIe siècle.* Arles : Actes Sud, 2021 [2017].

Scott, Linda. *The cost of sexism. How the economy is built for men and why we must reshape it.* Londres : Faber and Faber, 2022.

Simmel, Georg. *Philosophie de l'argent.* Paris : PUF, 1987 [1900].

Simonet, Maud. *Travail gratuit : la nouvelle exploitation ?.* Paris : Textuel, 2008.

Sinigaglia-Amadio, Sabrina, Sinigaglia, Jérémy. *Temporalités du travail artistique : le cas des musicien.ne.s et des plasticien.n.es.* Paris : ministère de la Culture, 2017.

Sue, Roger. *La richesse des hommes. Vers l'économie quaternaire.* Paris : Odile Jacob, 1997.

—. *Le spectre totalitaire. Repenser la citoyenneté.* Paris : Les liens qui libèrent, 2020.

—. *Temps et ordre social.* Paris : PUF, 1994.

Numeum, Syntec Numérique. « Chiffres et data du secteur numérique. Tendances, analyses et zooms du secteur ». *Pdf4pro.com*, mai-juin 2021.

Tcherkézoff, Serge. « La vue lévi-straussienne du fait social total ». In *Mauss à Samoa. Le holisme sociologique et l'esprit du don polynésien.* Aix-Marseille : Pacific-credo Publications, 2015.

Varoufákis, Yánis. *Technofeudalism. What killed capitalism.* Londres : The Bodley Head, 2023.

Veblen, Thornstein. « On the nature of capital ». *The Quaterly Journal of Economics*, n° 4, vol. 22, août 1908.

Wittig, Monique. *La pensée straight.* Paris : Amsterdam, 2008 [1978], p. 67-77.

Zwer, Nepthys, Rekacewicz, Philippe. *Cartographie radicale. Explorations.* Paris : La Découverte, 2021.

À mes associés

On ne pense jamais seul. Réfléchir est toujours un dialogue, une controverse et une sédimentation.
J'ai pu mener ce travail sur l'activité contributive grâce à mes *associés* en *associativité*, celles et ceux qui ont offert leur temps, leur pétillance, leur expérience de vie et d'esprit à cette *réflexion agissante* qu'il m'a semblé un jour impérative d'entreprendre.
En tout premier lieu mon associé en audace et en réflexion, Laurent Gontier, cofondateur de l'initiative {contributive}, collectif citoyen devenu think & do tank. Et notre acolyte contributrice, Anne Deslandes, qui sécurise nos opérations avec amitié.
Bien sûr les membres fondateurs de l'initiative {contributive}: Danielle Rapoport, Nathalie Kieffer, Chiara Dattola, Roger Sue, Jean-François Serres, Pierre Valentin, Jean-Pascal Derumier, Jean-Pierre Mougin et Mouna Aoun.
Merci à tous les participants de l'enquête {contributive}, notamment aux présidents des groupes de travail, Franck Morel et Maurice Thévenet. Merci aux personnes auditionnées et en particulier Claire Hédon, Marie-Aleth Grard, Françoise Sauvageot, Patricia Paperman, Caroline Nisand, Daniel Le Guillou, Marie Trellu-Kane, Stéphane Chevet, Marie Lavandin, les acteurs de Territoires zéro chômeur de longue durée (TZCLD). Merci aux intervenants des ateliers et spécialement à Michel Billé, Chantal Deckmyn, Séverine Enjolras, Philippe Lamblin, Georges Amar, Charlotte Marchandise, Hélène Delmotte, Lorène Gilly, Pauline Alphen et Robert Strauser. Merci Michèle Taïeb d'avoir été la voix de la lecture et de la proclamation de la Première Déclaration des droits du contributeur. Merci, Jean, de m'avoir aidée pour mener l'étude sur la mesure de l'activité contributive.
Merci, Anne-Marie, qui m'apporte la force quand je doute.

Et merci à Nadja, associée depuis toujours à mes choix contributifs, pour le meilleur et pour le pire, malgré elle et pourtant inconditionnellement.

Table des matières

Pour limiter l'empreinte environnementale de leurs livres,
les éditions de l'Aube font le choix de papiers
issus de forêts durablement gérées et de sources contrôlées.

Achevé d'imprimer en avril 2024
sur les presses de l'imprimerie Firmin-Didot
pour le compte des éditions de l'Aube
331, rue Amédée-Giniès, F-84240 La Tour-d'Aigues

Numéro d'édition: 6070
Dépôt légal: mai 2024
Numéro d'impression: 179516

Imprimé en France